Andreas Schutt

Realisierung eines Management Cockpits auf Basis von SAP NetWeaver zur Unterstützung des Performance Measurement

GRIN Verlag

Bibliografische Information der Deutschen Nationalbibliothek:

Die Deutsche Bibliothek verzeichnet diese Publikation in der Deutschen National-
bibliografie; detaillierte bibliografische Daten sind im Internet über http://dnb.d-
nb.de/ abrufbar.

Impressum:

Copyright © 2005 GRIN Verlag GmbH
Druck und Bindung: Books on Demand GmbH, Norderstedt Germany
ISBN: 978-3-656-73540-3

Dieses Buch bei GRIN:

http://www.grin.com/de/e-book/280466/realisierung-eines-management-cockpits-
auf-basis-von-sap-netweaver-zur

GRIN - Your knowledge has value

Der GRIN Verlag publiziert seit 1998 wissenschaftliche Arbeiten von Studenten, Hochschullehrern und anderen Akademikern als eBook und gedrucktes Buch. Die Verlagswebsite www.grin.com ist die ideale Plattform zur Veröffentlichung von Hausarbeiten, Abschlussarbeiten, wissenschaftlichen Aufsätzen, Dissertationen und Fachbüchern.

Besuchen Sie uns im Internet:

http://www.grin.com/

http://www.facebook.com/grincom

http://www.twitter.com/grin_com

Realisierung eines Management Cockpits auf Basis von SAP NetWeaver zur Unterstützung des Performance Measurement

von

Andreas Schutt

Inhaltsverzeichnis

Abkürzungsverzeichnis

Abkürzung	Bezeichnung
ABAP	engl.: Advanced Busines Programming Language
AG	Aktiengesellschaft
Aufl.	Auflage
AWB	engl.: Administrator Workbench
BFuP	Betriebswirtschaftliche Forschung und Praxis
BiBB	Bundesinstitut für Berufsbildung
BPR	engl.: Business Process Reengineering
BSC	engl.: Balanced Scorecard
BSP	engl.: Business Server Pages
bzw.	beziehungsweise
ca.	circa
CEO	engl.: Chief Executive Officer
CO	Cockpit Officer
d.h.	das heißt
DOLAP	engl.: Desktop On-Line Analytical Processing
DSS	engl.: Decision Support System
DW	engl.: Data Warehousing
DWH	engl.: Data Warehouse
DWS	engl.: Data Warehouse System
EDV	Elektronische Datenverarbeitung
EIS	engl.: Executive Information System
engl.	englisch
ERM	engl. Entity Relationsship Model
ERP	engl.: Enterprise Ressource Planning
et al.	et alii
ETL	Extraktion, Transformation, Laden
evtl.	eventuell
f.	folgende
FASMI	engl.: Fast Analysis of Shared Multidimensional Information
ff.	fortfolgende
Fn.	Fußnote
ggf.	gegebenenfalls
GmbH	Gesellschaft mit beschränkter Haftung
HBR	engl.: Human Business Review
HC	engl.: Human Capital
HCI	engl.: Human Machine Interface
HCM	engl.: Human Capital Management
HMD	Handwörterbuch der modernen Datenverarbeitung
HTML	engl.: HyperText Markup Language
i. A.	im Allgemeinen
i. d. R.	in der Regel
i. e. S.	im engeren Sinne
ISO	International Organization for Standardization
IS	Informationssystem
ISAM	Indexed Sequential Access Method
i. S. v.	im Sinne von
IT	Informationstechnologie
i. V. m.	in Verbindung mit
i. w. S.	im weiteren Sinne
Jg.	Jahrgang
KMU	Kleine und mittelständische Unternehmen
KPI	engl.: Key Performance Indicator
lat.	lateinisch
LNI	engl.: Lecture Notes in Informatics
MC	Management Cockpit
MCR	Management Cockpit-Raum
MIME	engl.: Multipurpose Internet Mail Extensions

Abkürzung	Bezeichnung
MIS	engl.: Management Information Systems
MOLAP	engl.: Multidimensional On-Line Analytical Processing
MSS	Management Support System
Nr.	Nummer
o. g.	oben genannt
o. O.	ohne Ort
o. S.	ohne Seite
ODS	Operational Data Store
OLAP	engl.: Online Analytical Processing
OLTP	engl.: Online Transaction Processing
PI	engl.: Performance Indicator
PM	engl.: Performance Measurement
PMS	engl.: Performance Measurement System
PPS	engl.: Production Planning System
RDBMS	engl.: Relational Datenbank Management System
ROCE	engl.: Return on Capital Employed
ROLAP	engl.: Relational On-Line Analytical Processing
SAP	Systeme Anwendungen Produkte
SAB BI	SAP Business Intelligence
SAP BW 3.5	SAP Business Information Warehouse 3.5
SAP HR	SAP Human Ressource
SAP NW '04	SAP NetWeaver 2004
SAP SEM	SAP Strategic Enterprise Management
SAP WAS 6.40	SAP Web Application Server
SAP SEM	SAP Strategic Enterprise Management
Sog.	sogenannte
S-ID	Surrogat-Identifikationsdatum
TPM	Transaktionen pro Minute
u. U.	unter Umständen
URL	engl.: Unified Ressource Locator
Usw.	und so weiter
vgl.	vergleiche
vs.	versus, lat.: gegen, gegenüber gestellt
z. B.	zum Beispiel
z. Zt.	zur Zeit
ZfB	Zeitschrift für Betriebswirtschaft
ZfP	Zeitschrift für Planung

1   Einleitung

Gegenstand dieser Arbeit ist die Realisierung des MC zur Unterstützung des PM des HC auf Basis der im vorangegangenen Kapitel dargelegten Überlegungen zur Konzeption.

Die Umsetzung erfolgt analog zum Entwurf der informationstechnischen Konzeption mit den Phasen zur Implementierung des Datenmodells, der Datenakquisition, Datenanalyse und Datenkommunikation. Im Vorfeld soll jedoch die technische Basis erläutert werden, auf der die Realisierung des MC zur Unterstützung des PM des HC aufsetzten soll.

Die Umsetzung des MC-Prototyps erfolgt mit Hilfe von SAP NetWeaver 2004. Deshalb wird zuerst ein kurzer Überblick über die Implementierungskomponenten des technischen Frameworks von SAP NetWeaver 2004 gegeben. In diesem Bezugsrahmen werden dann auch die für die Realisierung des MC-Protoypen wichtigsten Bestandteile von SAP NetWeaver 2004, die zentrale Anwendungskomponente des SAP Web Application Servers Release 6.40 und das SAP-eigene DWH-Projekt SAP Business Information Warehouse 3.5 detailliert beschrieben.

2   SAP NetWeaver 2004

SAP NetWeaver 2004 (SAP NW '04) wird von der SAP AG als Informations- und Integrationsplattform vermarktet, die als Teil der mySAP.com-Produktpalette Menschen, Informationen, Geschäftsprozesse sowie verschiedenen Technologien vereinigen soll. Dies verdeutlicht das folgende Schaubild zur Architektur von SAP NW '04:

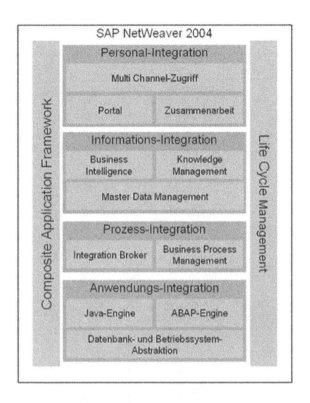

Abbildung 1 – SAP NetWeaver 2004 Architektur[1]

Neue und alte Informationssysteme sollen mit Hilfe von SAP NW '04 konsolidiert und harmonisiert werden, um eine unternehmensübergreifende Datenbasis für alle Unternehmenspartner zu schaffen. Dies geschieht unter der Zielsetzung, einen verkürzten und effizienteren Daten- und Informationszugriff sowie -austausch zu gewährleisten und infolgedessen die gesamte Informationsverarbeitung zu optimieren.

Dazu werden die Komponenten des Composite Application Frameworks und des Life Cycle Managements eingesetzt. Sie stellen eine standardisierte und übergreifende Entwicklungs- und Laufzeitumgebung zur Verfügung, mit der unter minimalem Programmieraufwand funktionsübergreifend integrierbare Applikationen erstellt und über den gesamten Software-Lebenszyklus überwacht und gewartet werden können.[2]

---

[1]   Eigene Darstellung in Anlehnung an SAP AG (2003), http://www11.sap.com, S. 6.
[2]   Heinemann; Rau (2005), S. 27f.

7

2.1 SAP Business Information Warehouse 3.5

Ein Bestandteil der SAP Business Intelligence (SAP BI) Suite der Integrationsplattform SAP NW '04 ist das SAP-eigene DWH-Projekt: Das SAP Business Information Warehouse 3.5 (SAP BW 3.5).

Das SAP BW 3.5 ist ein vollständiges DWS, welches neben der eigentlichen DWH-Datenbank und den Werkzeugen zu deren Befüllung auch umfangreiche Reporting-Funktionalitäten besitzt.

Abbildung 2 – SAP Business Information Warehouse 3.5[3]

Ein Überblick über das SAP BW 3.5 gibt die Abbildung , anhand derer die wichtigsten Funktionalitäten und Werkzeuge des SAP BW 3.5 erläutert werden sollen.

2.1.1 Administrator Workbench

Die Administrator Workbench (AWB) ist das zentrale Bedienungselement des SAP BW 3.5 im Rahmen der Steuerung, Überwachung und Pflege aller Datenbeschaffungsprozesse.[4]

Hier werden im Folgenden alle notwendigen Schritte zur Datenmodellierung vorgenommen. Dazu sollen anhand des entwickelten Datenmodells die äquivalenten Datenelemente definiert und der gesamte Datenfluss mit seinen entsprechenden Extraktions- und

---

3   SAP AG (2003a), http://help.sap.com, o. S.
4   Vgl. SAP AG (2003b), http://help.sap.com, o. S.

Transformationskomponenten nachgebildet werden, um schließlich die Daten der HC-Performance in dem DWH vorzuhalten.

2.1.2 Business Explorer

Der Business Explorer (BEx) stellt das Reporting- und Analysewerkzeug des SAP BW 3.5 dar. Mit seiner Hilfe können Auswertungen auf OLAP-Basis definiert und für die Entscheidungsunterstützung verwendet werden.

Hier sollen die für die verschiedenen Sichten des MC-Prototypen benötigten Daten ausgewählt werden. Dies geschieht über sog. Queries, die mit Hilfe des Query Designers angelegt werden und eine Selektion über die Attribute und Fakten des jeweiligen Reporting-Datenelements repräsentieren.

Die bei der Query-Ausführung produzierten Analyseergebnisse können später auf verschiedenste Weise dem Anwender angezeigt werden.

2.1.3 Web Application Designer

Für die Zwecke des MC-Prototyps ist vor allem die Web-Integration des Reportings von Relevanz. Der Zugriff auf Auswertungen über das Internet wird mit Hilfe des Web Application Designers (WAD) ermöglicht. Der WAD baut dabei auf den BEx-Funktionalitäten auf und übernimmt die internetgerechte Präsentation der Daten.

2.2 SAP Web Application Server Release 6.40

Im Zusammenspiel mit SAP NW '04 stellt der SAP Web Application Server 6.40 (SAP WAS 6.40) die gemeinsame technische Basis für eine Vielzahl von Anwendungskomponenten dar; so auch für das SAP BW 3.5 und den MC-Prototypen.[5]

Im Rahmen von SAP NW '04 ist er die Entwicklungs- und Laufzeitumgebung für ABAP- und Java-Applikationen und dient als Web-Server zur Implementierung von client- als auch serverseitigen Web-Anwendungen. In der Drei-Schichten-Architektur moderner Client-Server-Konzepte arbeitet der SAP WAS 6.40 auf der Applikationsschicht[6]. Dort dient er in Form eines Applikationsservers als Plattform für die Ausführung von Programmen und als Konnektor zwischen Front End und Datenbankschicht. Des Weiteren fungiert der SAP WAS 6.40 als Web-Server zur bi-direktionalen Kommunikation mit dem Internet sowie

---

[5] Vgl. Heinemann; Rau (2005), S. 21.
[6] Die Three-Tier-Architektur beinhaltet folgende Schichten in aufsteigender Reihenfolge: Client-Schicht, Applikationsschicht und Datenbankschicht. Vgl. Heinemann; Rau (2005), S. 33.

Entwicklung und Verteilung von Webservices.[7] Da seine Funktionen durch die „ ... enge Verzahnung bzw. Kombination eines solchen Systems aus Web- und Applikationsserver"[8] nur schwer getrennt werden können, wurden die beiden Aufgabenbereiche im SAP WAS 6.40 zusammengeführt. Dies verdeutlicht auch das Anwendungsbeispiel des MC.

Für die Realisierung des MC-Prototyps werden über den SAP WAS 6.40 die für die Darstellung des MC benötigten Webseiten generiert und für Anfragen aus dem Internet verfügbar gemacht. Außerdem übernimmt der Web-Server die Abwicklung der eingehenden Service-Requests, indem er diese entgegennimmt und bearbeitet. Dazu wird eine Verbindung mit dem SAP BW 3.5 aufgebaut und die entsprechenden Daten ausgelesen, aufbereitet und durch den SAP WAS 6.40 ein neu generiertes Webdokument an den Service-Consumer zurückgesendet.

3 Datenmodellierung

Für die Realisierung des MC zur Unterstützung des PM des HC ist es zuerst notwendig, den anhand der Anforderungen des Unternehmensszenarios entwickelten Datenfluss und das darauf aufbauende Datenmodell im SAP BW 3.5 abzubilden.

Dazu müssen die benötigten Datenobjekte und Metadaten angelegt und definiert werden, was im Folgenden in der Reihenfolge des Datenflusses skizziert wird.

3.1 Definition der InfoObjects

Die Umsetzung eines Datenmodells beginnt stets mit der Definition der Datentypen und Festlegung ihrer Datenlänge. Dazu werden in der AWB die sog. InfoObjects angelegt, die als kleinste Informationseinheiten des SAP BW 3.5 die Grundlage für alle weiteren Datenziele bilden.

InfoObjects werden dabei ebenfalls fachlich in Attribute und Fakten unterschieden, wobei die Bezeichnungen im SAP BW 3.5-Umfeld abweichen.[9] Hier wird zwischen Kennzahlen (Fakten) und Merkmalen (Attributen) unterschieden, die analog zu der Definition von Fakten- bzw. Attributsdaten Bewegungs- oder Stammdaten aufnehmen.

Bei der Definition eines InfoObject weist man diesem neben einem systemweit eindeutigen technischen Namen und einer Textbeschreibung auch einen primitiven Datentyp und die

---

[7] Vgl. SAP AG (2005), http://help.sap.com, o. S.
[8] Heinemann; Rau (2005), S. 24.
[9] Vgl. Seemann et al. (2001), S. 118 und 120.

Länge des Datenfeldes zu.[10] In Abhängigkeit von der Ausprägung des InfoObject können entweder nur numerische (für die Kennzahl-InfoObjects) oder auch zeichentragende Datentypen zugewiesen werden.

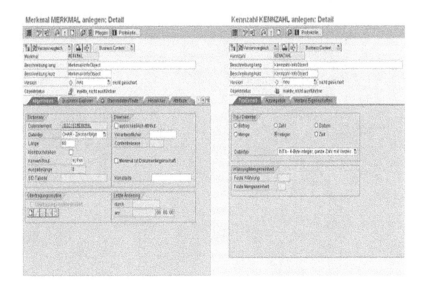

Abbildung 3 – Anlegen von InfoObjects im SAP Business Information Warehouse 3.5[11]

Für die Definition von Kennzahlen ist zudem ggf. die Zuordnung einer Maßeinheit und das Aggregationsverhalten bei Rechenoperationen von Belang. Dazu kann einerseits das normale Aggregationsverhalten festgelegt werden. Dies bestimmt das Vorgehen bei Datensätzen mit Schlüsselgleichheit. Hier kann entweder der aufsummierte, maximale oder minimale Aggregationswert über die Datensätze gebildet werden. Andererseits kann eine sog. Ausnahmeaggregation definiert werden, die in Abhängigkeit von einem Bezugsmerkmal eine Berechnung durchführt.[12] Für die Abbildung des Datenmodells des MC-Prototypen ist Letzteres für die Aggregation der täglich gemeldeten Indikator-Werte von Bedeutung, über die für die wöchentliche Berichterstattung ein gleitender Durchschnitt auf Basis einer Kalenderwoche gebildet werden soll.

InfoObjects des Typs Merkmal besitzen die Eigenschaft, dass ihnen Stammdatentexte zur Beschreibung betriebswirtschaftlicher Sachverhalte zugewiesen und diese sprach- und

---

[10] Vgl. Hahne (2005), S. 43.
[11] ScreenShot aus dem SAP BW 3.5.
[12] Vgl. Fischer (2003), S. 107.

zeitabhängig vorgehalten werden können.[13] Diese Erläuterungstexte werden den Stammdatenschlüsseln eines Merkmals zugewiesen und können später im Reporting angezeigt werden. Des Weiteren können Ihnen sog. Navigationsattribute zugewiesen werden, die eine Verknüpfung mit anderen Merkmalen definieren. So besitzt z. B. das Merkmal „Indikator" die Navigationsattribute Indikator-Name, Indikator-Messansatz und Erhebungsperiodizität, die diesem Merkmal eindeutig zuzuordnen sind und es in seiner Ausprägung spezifizieren.

Die folgende Übersicht zeigt die InfoObjects, die für die Abbildung des Datenmodells des MC-Prototyps im SAP BW 3.5 mit Hilfe der AWB modelliert wurden:

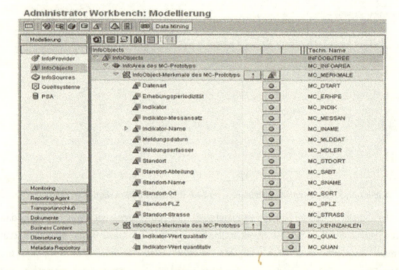

Abbildung 4 – InfoObjects des Prototyps für das Management Cockpit zur Unterstützung des Performance Measurements des Human Capital[14]

3.2 Definition des ODS-Objekts

Das erste Datenelement im Datenfluss innerhalb des DWS ist das zentrale ODS-Objekt, welches die Daten aller anzubindenden Quellsysteme aufnehmen soll.

Die **Fehler! Verweisquelle konnte nicht gefunden werden.** erfolgt so:

---

[13] Vgl. Seemann et al. (2001), S. 122.
[14] ScreenShot aus dem SAP BW 3.5.

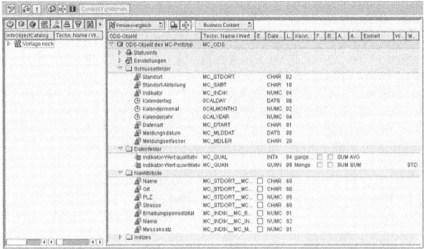

Abbildung 5 – Zentrales ODS-Objekt des Prototyps für das Management Cockpit zur Unterstützung des Performance Measurements des Human Capital[15]

In der obigen Abbildung sind die benötigten InfoObjects zur Definition der ODS-Datenbanktabelle in ihrer Gliederung nach Schlüssel- und Datenfeldern sowie Navigationsattributen aufgeführt. Letztere müssen bei der Datenakquisition nicht befüllt werden und dienen in diesem Fall nur zur Veranschaulichung der verknüpften InfoObjects mit den Merkmalen der Schlüsselfelder.

3.3 Definition der InfoCubes

Als nächstes folgt im Datenfluss des Unternehmensszenarios die Data Mart-Ebene mit den drei Data Cubes für jede einzelne Niederlassung.

Multidimensionale Data Cubes werden von der SAP AG als InfoCubes oder BasisCubes bezeichnet. Sie stellen innerhalb des SAP BW 3.5 das Standard-Reportingobjekt und unterscheiden sich nur hinsichtlich der Interpretation des Star-Schema. Das erweiterte Star-Schema sieht aus Performance-Gründen noch eine zusätzliche Ebene zwischen der Fakten- und der Dimensionstabelle vor, die Schlüsselkombinationen aus den einzelnen Dimensionsmerkmalen eine sog. S-ID (Surrogat-Identifikationsdatum) zuordnet. Da die Tabellen für die S-IDs sowie die Fakten- und Dimensionen automatisch vom SAP BW 3.5 angelegt werden, soll dies nicht weiter erläutert und lediglich die Definition des InfoCubes

---

[15] ScreenShot aus dem SAP BW 3.5.

beschrieben werden. Diese erfolgt ebenfalls mit Hilfe der AWB und soll am Beispiel des Data-Marts für den Standort Deutschland dargestellt werden.

Der folgende ScreenShot[16] zeigt zum einen die InfoCube-Pflege der AWB mit den verfügbaren und dem InfoCube zugeordneten Merkmalen. Hier werden über die verschiedenen Reiter auch die in den InfoCube aufzunehmenden Zeitmerkmale und Kennzahl-InfoObjects definiert. Des Weiteren erfolgt über diese Transaktion die Zuordnung der Merkmale zu den verschiedenen Auswertungsdimensionen. Dies ist in der nebenstehenden Grafik dargestellt, die in vereinfachter Form das SAP BW 3.5 Star-Schema widerspiegelt und die Aufteilung der Merkmale in Dimensionstabellen erläutert.[17]

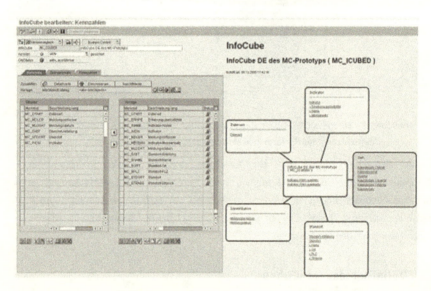

Abbildung 6 – InfoCube des Prototyps für das Management Cockpit zur Unterstützung des Performance Measurements des Human Capital[18]

Die Definition des InfoCubes auf Data-Mart-Ebene für die deutsche Niederlassung des Unternehmensszenarios erfolgt analog für die InfoCubes der anderen beiden Standorte.

---

[16] Der linke Teil des ScreenShots stammt aus der InfoCube-Pflege der AWB, wohingegen die rechte Grafik eine aus dem Metadata Repository generierte Grafik ist, die mit Hilfe eines Bildbearbeitungsprogramms zusammengeführt wurde.

[17] Die Darstellung des SAP Star-Schemas ist nicht zuletzt aufgrund der fehlenden S-ID-Tabellen unvollständig. Es werden auch zwei der drei vom SAP BW 3.5 vorgegebenen Standarddimensionen (Datenpaket und Einheiten) unterschlagen. Die dritte nicht explizit zu definierende Dimension beinhaltet die Zeit-Merkmale des Datenmodells eines InfoCubes. Vgl. Mehrwald (2003), S. 92.

[18] ScreenShot aus dem SAP BW 3.5.

3.4 Definition des MultiCube

Das letzte Element im Datenfluss stellt der virtuelle Cube dar, der eine vereinheitlichte Sicht über die Data-Mart-Ebene bieten soll.

Im Sprachgebrauch des SAP BW 3.5 werden diese Datenobjekte mit dem Fachterminus MultiProvider bzw. MultiCube[19] bezeichnet, in denen sämtliche InfoProvider des Systems für das Reporting zusammengefasst werden können. InfoProvider sind alle Datenziele, wie ODS-Objekte oder InfoCubes, die für das Reporting zur Verfügung stehen.[20]

Die Modellierung und Definition eines MultiCubes entspricht im Wesentlichen den Anforderungen von InfoCubes. Zur Einrichtung eines MultiProviders müssen jedoch zuerst die abzubildenden InfoProvider, hier die drei Standort-InfoCubes, ausgewählt und anschließend aus der Gesamtmenge der InfoObjects aller InfoCubes die benötigten Kennzahlen und Merkmale in Abhängigkeit vom InfoProvider selektiert werden. Dabei ist zu beachten, dass ein gemeinsames InfoObject in allen InfoProvidern besteht, „ ... das als Schlüssel zum „Verbinden" der InfoCubes dient."[21] Für den vorliegenden MultiProvider werden dazu alle InfoObjects aus jedem der drei BasisCubes übernommen, mit Ausnahme des quantitativen Kennzahl-InfoObject.

4 Datenakquisition

Der Vorgang zur Befüllung des DWH mit den Daten aus den SAP HR-Systemen und der Einrichtung des Datenflusses gliedert sich innerhalb des DWS in zwei Teilbereiche: Den ETL-Prozess und die Datenfortschreibung.

4.1 Definition des Extraktions-, Transformations- und Lade-Prozess

Zuerst müssen die die HC-Performance repräsentierenden Informationen innerhalb der SAP HR-Systeme gesammelt und in einer passenden Struktur dem SAP BW 3.5 zur Verfügung gestellt werden, um sie dann später in das zentrale ODS-Objekt im SAP BW 3.5 zu laden.

---

[19] Dies ist die alte Bezeichnung der SAP AG für einen virtuellen Cube, der im Zeitverlauf durch den Begriff des Multiproviders zur Begriffsvereinheitlichung mit den untergeordneten InfoProvidern eingeführt wurde.
[20] Vgl. Mehrwald (2003), S. 6.
[21] Seemann et al. (2001), S. 130. Anführungszeichen im Zitat wurden geändert.

4.1.1 Definition des Extraktors

Für jeden PI des HC existiert in dem jeweiligen SAP HR-Modul ein sog. Infotyp, der über einen Gültigkeitszeitraum, einen Schlüssel, eine (Wert-)Ausprägung sowie eine Beschreibung definiert und der jeweiligen Person zugeordnet ist. Die folgende Abbildung zeigt die drei Infotyp-Ausprägungen der Indikator-Dimension des Kompetenz-Potentials der HC-Indikator-Hierarchie, die in der Tabelle des Infotyps „Qualifikation" der SAP HR-Komponente Personaladministration[22] abgelegt sind.

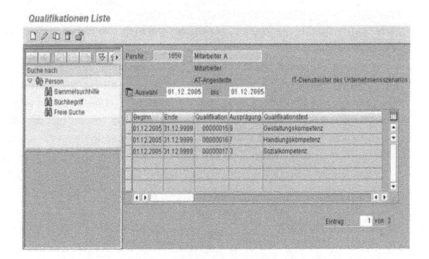

Abbildung 7 – Infotyp des SAP Human Ressource Moduls[23]

Das Sammeln und Extrahieren der Infotyp-Daten erfolgt über den sog. Extraktor.[24] Der Extraktor ist in dem hier vorliegenden Fall eine Anwendung bzw. ein Funktionsbaustein auf dem SAP HR-Quellsystem,[25] der die personenbezogenen Daten aus den korrespondierenden Datenbanktabellen der Infotypen ausliest und in Abhängigkeit von ihrer Zuordnung zu Planstellen des Organisationsmanagements auf Abteilungsebene aggregiert.

Die so anonymisierten Daten werden in eine adäquate Datenstruktur für die Extraktion in das SAP BW 3.5 transformiert. Diese Datenstruktur wird als Extraktstruktur bezeichnet und stellt

---

[22] Neben den HC-Performance-Daten aus dem Bereich der Personalentwicklung werden auch Infotyp-Daten aus den SAP HR-Komponenten Organisationsmanagement und Zeitwirtschaft ausgelesen.
[23] ScreenShot aus dem SAP HR.
[24] Vgl. Fischer (2003), S. 93.
[25] Ein Extraktor kann auch generischer Natur sein, der lediglich eine ihm zugewiesene Datenbank-View ausliest und in einer passenden Extraktstruktur zur Verfügung stellt.

die Schnittstelle zwischen dem Quellsystem und dem DWH dar. Die folgende Abbildung zeigt den Aufbau der Extraktstruktur, die über den Extraktor gefüllt wird:

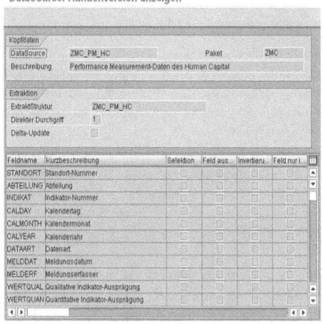

Abbildung 8 – Extraktstruktur des SAP Human Ressource Quellsystems[26]

4.1.2 Definition der DataSource

Zur Übernahme der Daten in das SAP BW 3.5 muss die Definition der Extraktstruktur und das zugehörige Quellsystems dem DWH bekannt gemacht werden. Dies geschieht über die DataSource, die quellsystemspezifisch angelegt werden muss.

Durch das Einrichten der SAP HR-Systeme als Quellsysteme des SAP BW 3.5 wird die Verbindung hergestellt. Da es sich in dem diskutierten Unternehmensszenario bei den Quellsystemen um SAP-Module handelt, bietet das SAP BW 3.5 die Möglichkeit an, die DataSources zu replizieren[27]; d. h., dass die Definition der Extraktstruktur des Quellsystems

---

[26] ScreenShot aus dem SAP HR.
[27] Zum Fachterminus des „Replizierens" vgl. Mehrwald (2003), S. 194.

automatisch in die DataSource auf DWH-Seite übernommen wird und kein manuelles Anlegen notwenig ist.[28]

Die so generierte DataSource beinhaltet nun die Metadatenbeschreibung des Quellsystems. Diese wird dann mit den passenden InfoObjects im SAP BW 3.5 gemappt und der Zugriff auf die in der Extraktstruktur gelieferten Daten ermöglicht.[29]

4.1.3 Definition der InfoSource

Für die Weiterverarbeitung der in der DataSource verfügbaren Daten zum Laden in das Datenziel des zentralen ODS-Objekts wird im SAP BW 3.5 noch eine weiteres Datenelement benötigt: Die InfoSource. Sie besteht aus einer Transferstruktur, den Übertragungsregeln und einer Kommunikationsstruktur.

Die Transferstruktur bildet das Bindeglied zwischen DataSource und InfoSource.[30] Sie übernimmt unverändert die aus der DataSource stammenden Daten und stellt diese für die Ausführung der Übertragungsregeln innerhalb der InfoSource zur Verfügung. Nach Anwendung der Übertragungsregeln, die auch als Transferregeln bezeichnet werden, stehen die Daten nun in der Kommunikationsstruktur für die Datenziel-Fortschreibung zur Verfügung.[31]

Da die aus dem SAP HR stammenden Daten durch den Extraktor bereits in der passenden Form geliefert werden, können die Daten eins-zu-eins in die Kommunikationsstruktur übertragen und in das zentrale ODS-Objekt fortgeschrieben werden.

4.1.4 Definition der Fortschreibungsregeln

Die Verknüpfung einer InfoSource mit einem Datenziel erfolgt über die sog. Fortschreibungsregeln. Sie stellen neben den Übertragungsregeln die zweite Transformationskomponente im SAP BW 3.5 dar.[32] Mit ihrer Hilfe wird bestimmt, wie welche Daten auf Basis der Kommunikationsstruktur in die vom InfoProvider zur Verfügung gestellten InfoObjects fortgeschrieben werden.

---

[28]   Vgl. Seemann et al. (2001), S. 159f.
[29]   Vgl. Fischer (2003), S. 93f.
[30]   Die Transferstruktur ist mit der im Rahmen der Extraktion der Daten aus dem Quellsystem beschriebenen Extraktionsstruktur zu vergleichen, da sie sowohl in der DataSource (dem „Quellsystem" aus Sicht der InfoSource), als auch in der InfoSource selbst abgebildet ist.
[31]   Ein typischer Anwendungsfall für die Übertragungsregeln ist z. B. die Konvertierung von Datumsformaten, um beispielsweise die in der Transferstruktur in der Form MM/TT/JJ vorliegenden Daten in ein andere Notation wie z.B. TT/MM/JJJJ für die Weiterverarbeitung in die Kommunikationsstruktur zu überführen. Da für das zugrunde liegende Unternehmensszenario die aus dem Quellsystem stammenden Daten in einheitlicher und passender Form vorliegen, müssen an dieser Stelle keine Konsolidierungen mit Hilfe der Übertragungsregeln durchgeführt werden. Für detailliertere Informationen zu den Möglichkeiten der Übertragungsregeln vgl. Seemann et al. (2001), S. 146ff.
[32]   Vgl. Hahne (2005), S. 45.

Für Kennzahlen und Merkmale können hier selbst definierte Routinen zur Datenmodifikation hinterlegt werden. So lassen sich über die für jede InfoSource[33] flexibel zu pflegenden Fortschreibungsregeln z. B. Werte einer Kennzahl anhand von Merkmalswerten in Abhängigkeit von dem in der InfoObject-Defintion hinterlegten Aggregationsverhalten[34] aufsummieren oder Merkmalswerte in Abhängigkeit von anderen Merkmalen oder Merkmalswertkombination befüllen.

In unserem Fall sind auch hier aufgrund der stimmigen Datenbasis keine Datenmanipulation notwendig.

4.1.5 Definition des InfoPackage

Die Einplanungsoptionen für den Datenladeprozess in das SAP BW 3.5 geschieht mit Hilfe der InfoPackages, die in Abhängigkeit von einer InfoSource angelegt werden. So können z. B. die zu extrahierenden Daten auf bestimmte Ausprägungen eines InfoObject der InfoSource eingeschränkt, die Art der Datenfortschreibung festgelegt oder die über die Fortschreibungsregeln verknüpften Datenziele selektiert werden.

Für das vorliegende Unternehmensszenario sollen die HC-Performance-Daten wöchentlich[35] aus den Quellsystemen in das zentrale ODS-Objekt extrahiert werden. Da das ODS-Objekt das einzige Datenziel im Rahmen des ETL-Prozesses darstellt, sind für die Datenziel-Selektion keine weiteren Anpassungen des InfoPackages notwendig. Die Selektion der zu ladenden Daten ist allerdings einzuschränken, da es „bei der Datenextraktion ... nicht erforderlich [ist], eine komplette Momentaufnahme sämtlicher Quellsystemdaten zu ziehen ... "[36]. Daher soll das InfoPackage auf die jeweils aktuell zu ladende Berichtsperiode durch Selektion der entsprechenden Datumsfelder eingeschränkt werden.

Die Datenziel-Selektion und das Starten des ETL-Prozesses geschieht automatisch über eine Prozesskette, die wöchentlich vom System aufgerufen wird. Das folgende Schaubild zeigt den kompletten Prozess mit seinen Komponenten noch einmal im Überblick:

---

[33] Mit der Verwendung der Daten aus der Kommunikationsstruktur der InfoSource geht einher, dass die Fortschreibungsregeln InfoProvider-spezifisch sind und daher auch für jedes Datenziel einzeln angelegt werden müssen.

[34] Vgl. 0 3.1 Definition der InfoObjects, S. 78.

[35] Der Datenladezeitraum definiert sich aus den Informationsanforderungen des Unternehmensszenarios, das eine wöchentliche Berichterstattung fordert.

[36] Seemann et al. (2001), S. 167.

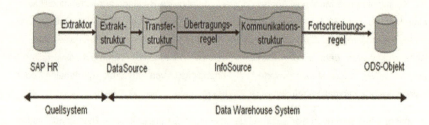

Abbildung 9 – ETL-Prozess im Überblick

4.2 Datenfortschreibung

Die Datenfortschreibung bezeichnet die Fortschreibung und Transformation von Daten aus den Datenzielen respektive den Datenquellen innerhalb des DWH. Für den Aufbau der Datenbasis des MC-Prototyps soll die Fortschreibung der Daten aus dem zentralen ODS-Objekt in die InfoCubes auf Data-Mart-Ebene erläutert werden.

Die Datenfortschreibung im SAP BW 3.5 verläuft analog zu den letzten drei Phasen des zuvor beschriebenen ETL-Prozesses; die erste Phase der Extraktor-Definition entfällt, weil es sich bei dem zentralen ODS-Objekt um ein internes Datenobjekt des SAP BW 3.5 als Quellsystem handelt, dessen Metadaten-Definition deshalb implizit bekannt ist.

4.2.1 Definition der DataSource

Aus zuvor genannten Grund kann die Definition der DataSource automatisch repliziert werden.[37] Die folgende Abbildung zeigt die Struktur der DataSource, die gleichzeitig auch die Transferstruktur der InfoSource darstellt:

---

[37] Vgl. Mehrwald (2003), S. 194f.

Abbildung 10 – DataSource/Transferstruktur der InfoCubes auf Data Mart-Ebene[38]

4.2.2 Definition der InfoSource

Die Definition der Übertragungsregeln in der InfoSource beschränkt sich auch hier auf das Mapping der InfoObjects in der Transferstruktur zu denen der Kommunikationsstruktur, da auch hier keine Operationen zur Manipulation der Daten notwendig sind. Dabei ist mit einer Ausnahme eine eins-zu-eins Zuordnung der Strukturen möglich.

Den Sonderfall bildet hier das SAP BW 3.5-Standard-InfoObject „Update Modus", welches die Art der Datenfortschreibung ausweist und vom SAP BW 3.5 automatisch eingefügt wird.[39] Dieses Feld wird während des Prozesses der Datenzielfortschreibung in Abhängigkeit von der Einstellung im InfoPackage initialisiert und dient der Identifikation der Fortschreibungsart, die entweder als ein Initialisierungslauf des Delta Update-Verfahrens, ein Delta Update selbst oder ein Full Update definiert sein kann.

---

[38] ScreenShot aus dem SAP BW 3.5.
[39] Vgl. Mehrwald (2003), S. 160.

4.2.3 Definition der Fortschreibungsregeln

Die Fortschreibungsregeln für die Verknüpfung der InfoSource mit den drei Datenzielen in Form der InfoCubes auf Data Mart-Ebene müssen einzeln angelegt werden.

Allen drei Fortschreibungsregeln ist gemein, dass die zusätzlichen Merkmale in der Zeit-Dimension aus dem InfoObject „Kalendertag" der Kommunikationsstruktur abgeleitet werden sollen. Die Berechnung erfolgt durch eine Konvertierungsroutine des SAP BW 3.5 automatisch beim Laden der Daten. Alle anderen Merkmale werden unverändert fortgeschrieben.

Gleiches gilt für die Kennzahlen. Allerdings mit der Ausnahme, dass für die quantitativen Indikatoren auch das qualitative Kennzahl-InfoObject gefüllt werden muss. Dies ist einerseits notwendig, weil für die Evaluation der HC-Performance, die sich durch die Aufsummierung und Durchschnittsbildung der einzelnen PI nach der Struktur der Indikator-Hierarchie der HC-Performance ergibt, einheitliche Werte benötigt werden. Andererseits ist die Hauptaufgabe des MC-Prototyps die Darstellung der unternehmensweiten HC-Performance. Dazu muss eine unter den Unternehmensstandorten vergleichbare Datenbasis geschaffen werden, um z. B. Unterschiede in der durchschnittlichen Wochenarbeitszeit[40] zu kompensieren und so qualitative Aussagen über die HC-Performance des Gesamtunternehmens treffen zu können.

Die zielorientierte Umrechnung der quantitativen PI in qualitative Maßgrößen der Likert-Skala erfolgt in der Startroutine der Fortschreibungsregel. Die Startroutine ist ein ABAP-Coding, das beim Aufruf der Fortschreibungsregel ausgeführt wird und umfangreiche Datenmodifikationsmöglichkeiten über den gesamten fortzuschreibenden Datenbestand bietet.[41]

Die Ermittlung des qualitativen Kennzahl-InfoObjects erfolgt auf Basis des quantitativen Indikator-Werts im Verhältnis zur Mitarbeiteranzahl der zugrunde liegenden Organisationseinheit. Der folgende Quellcode-Auszug der Startroutine zeigt einen Teil der Bestimmung der qualitativen Ausprägung des „monetäre Anreize"-Indikators, in dem der quantitative Wert dieses PI durch die Anzahl Mitarbeiter dividiert und das Ergebnis einem qualitativen Wert zugeordnet wird:

---

[40] Hier wird angenommen, dass die durchschnittliche wöchentliche Arbeitszeit in Deutschland 38 Std., in Frankreich 35 Std. und in England 40 Std. pro Woche betragen.

[41] Der Umstand, dass über den gesamten Datenbestand Datenmodifikationen durchgeführt werden können, unterscheidet die Startroutine einer Fortschreibungsregel von den anderen Möglichkeiten der Datentransformation, da sonst nur auf Basis eines einzelnen Datensatzes Manipulationen durchgeführt werden können.

Abbildung 11 – Startroutine des InfoCubes auf Data Mart-Ebene[42]

Die Ermittlung der qualitativen Ausprägungen für die Indikatoren der HC-Performance-Dimension „Verfügbarkeit"[43] erfolgt mit Hilfe der folgenden Formel:

$$Qualitativer\ Indikatorwert = \frac{quantitativer\ Indikatorwert}{Mitarbeiteranzahl * Arbeitswochenstundenanzahl}$$

Formel 1 – Qualitative zielorientierte Umrechnung quantitativer Werte

Das Berechnungsresultat wird dann ebenfalls einer qualitativen Indikatorausprägung zugeordnet.[44] Die Verwendung der Formelvariable „Arbeitswochenstundenanzahl" bedingt die InfoCube-spezifische Definition der Startroutine, da hier die Initialisierung der Quellcode-Variablen „wochenStunden" in Abhängigkeit von der Zuordnung der Startroutine

---

[42] ScreenShot aus dem SAP BW 3.5.
[43] Dies sind die Indikatoren Teilzeit, Ausbildung, Krankheit & Unfälle sowie sonstige Abwesenheit, deren quantitative Werte alle in der Einheit Stunden gemeldet werden.
[44] Dies geschieht sowohl für die Berechnung des Anreiz-Indikators als auch für die Indikatoren der Verfügbarkeitsdimension über eine Treppenfunktion, die durch eine entsprechende Codierung in der Startroutine fallbezogen abgebildet wird..

23

bzw. der Fortschreibungsregel zu dem zum Unternehmensstandort korrespondierenden InfoCube mit verschiedenen Werten erfolgt.[45]

4.2.4 Definition des InfoPackages

Die InfoPackage-Definition hängt an der gemeinsamen InfoSource und wird in Hinblick auf die Auswahl der Daten und das adressierte Datenziel in Abhängigkeit vom InfoCube festgelegt. Der Schlüssel des Standort-InfoObject bildet dabei die Basis der Datenselektion und bestimmt somit auch das fachlich korrespondierende Datenziel auf der Data Mart-Ebene. Die Fortschreibungsmethode ist mit der Verwendung des Delta-Verfahrens über alle InfoCubes einheitlich.

Das Delta Update-Verfahren wird angewendet, um das Datenvolumen im Gegensatz zum Full Update-Verfahren zu begrenzen. Beim Full Update werden alle Datensätze der Datenquellen ausgelesen und fortgeschrieben. Die im Datenziel vorgehaltenen Daten werden gelöscht und durch die neu angeforderten Datensätze überschrieben. Im Rahmen eines Delta Updates werden nur diejenigen Informationen geladen, „ ... die seit der letzten Extraktion neu erstellt, geändert oder gelöscht wurden."[46] Dadurch wird das Datenvolumen, ähnlich einer inkrementellen BackUp-Strategie, reduziert und die Performance des Datenbeschaffungsprozesses optimiert.

Auch diese InfoPackages werden durch eine Prozesskette ausgeführt, die die Fortschreibung der Daten aus dem zentralen ODS-Objekt in die Datenziele nach dem erfolgreichen Durchlaufen des ETL-Prozesses automatisiert.

4.3 Datenfortschreibung des MultiCubes

Der Vollständigkeit halber soll hier ebenfalls die Datenbefüllung des MultiCubes diskutiert werden.

Da es sich bei dem MultiCube nicht um ein physisches Datenelement, sondern eine logische Sicht über die InfoCubes der Data Mart-Ebene handelt, sind keine Daten fortzuschreiben. Aufgabe des MultiCubes ist, am Ende des Datenflusses eine vereinheitlichte Sicht über alle für den MC-Prototyp reportingrelevante Daten zu geben. Dazu stellt der MultiCube die anderen InfoCubes in einem gemeinsamen Kontext für Auswertungen zur Verfügung und

---

[45] Zu den Initialwerten vgl. Fn. 40.
[46] Mehrwald (2003), S. 160.

liest anhand der Reportinganfragen aus den entsprechenden InfoCubes der Data Mart-Ebene die Daten aus.[47]

Das folgende Schaubild zeigt die Modellierung des Datenflusses für den MC-Prototyp im SAP BW 3.5:

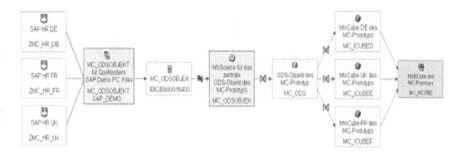

Abbildung 12 – Datenfluss des Unternehmensszenarios im SAP BW 3.5[48]

5 Datenanalyse

Für die Datenanalysen zur Auswertung der HC-Performance innerhalb des MC müssen OLAP-Abfragen auf den InfoCubes auf Data Mart-Ebene und dem MultiCube definiert werden. Diese OLAP-Abfragen repräsentieren die verschiedenen Fragestellungen des Managers und werden in Form von Queries mit Hilfe des Query Designers im SAP BW 3.5 angelegt. Somit definieren sie die Informationsgrundlage für die Darstellung der HC-Performance im Rahmen des MC.

Im Folgenden wird dazu zuerst beispielhaft der Aufbau einer Query auf Basis des MultiCubes und anschließend auf einem der InfoCubes erläutert. Zuvor ist jedoch die Abbildung der Indikator-Hierarchie im SAP BW 3.5 zu diskutieren, da sie allen Auswertungen der HC-Performance zugrunde liegt und somit „ ... einen Großteil der analytischen Möglichkeiten eines Modells aus[macht]."[49]

---

[47] Vgl. Mehrwald (2003), S. 105ff.
[48] ScreenShot aus dem SAP BW 3.5.
[49] Hahne (2005), S. 111.

5.1 Anlegen der Indikator-Hierarchie des Human Capital

Die Struktur der Indikator-Hierarchie des Human Capital ist auf Basis des SAP BW 3.5-Models nicht bzw. nur mit großen Aufwand umsetzbar, weshalb deren Abbildung hier auf Basis einer Merkmalshierarchie erfolgt.

Abbildung 13 – Indikator-Hierarchie des Human Capital im SAP BW 3.5[50]

Die Hierarchie soll dazu in der Indikator-Dimension auf dem Merkmal-InfoObject „Indikator" definiert werden. Dazu werden die Stammdaten des Indikator-InfoObject entsprechend den Anforderungen der Indikator-Hierarchie des Human Capital in einer unausgeglichenen Baumstruktur angeordnet. Der zuvor abgebildete ScreenShot zeigt einen Ausschnitt der Hierarchie-Struktur im SAP BW 3.5.

Auf Basis dieser Hierarchie-Struktur werden gleichzeitig die Konsolidierungspfade festgelegt, auf denen die Aggregation der Indikator-Werte für die Berechnung der HC-Performance erfolgt.[51]

---

[50] ScreenShot aus dem SAP BW 3.5.

26

Dies soll am Beispiel der PI der Indikator-Dimension „Verfügbarkeit" erläutert werden, deren Durchschnittswert auf dem Verfügbarkeit-Indikator ausgewiesen werden soll. Dazu müssen die vier Blätter des Indikator-Knotens „Verfügbarkeit" zuerst aufsummiert werden. Diese Berechnungsvorschrift ist über das Standardaggregationsverhalten des SAP BW 3.5 abbildbar. Anschließend muss der summentragende Knoten-Wert durch die Anzahl der Blätter dividiert werden, um die durchschnittliche Verfügbarkeit-Performance ermitteln zu können. Eine solche Funktionalität wird jedoch vom SAP BW 3.5 nicht angeboten. Demzufolge muss die dynamische Berechnung eines übergeordneten Hierarchieknotens in Abhängigkeit von seiner Blätteranzahl und die Umsetzung der Hilb'schen Gleichung durch eine Eigenentwicklung gelöst werden.

5.2 Auswertungen auf Basis der InfoCubes auf Data Mart-Ebene

Die wichtigste Query auf Basis der in dem InfoCubes vorgehaltenen Datenbasis ist die Auswertung der HC-Performance. Dazu muss auf jedem InfoCube einzeln eine Query definiert werden.[52]

Die Abbildung zeigt die Query-Definition auf Basis des InfoCubes auf Data Mart-Ebene für den Standort Deutschland anhand der Query Desingers:

---

[51] Es sei jedoch schon hier darauf hingewiesen, dass für die Ermittlung der HC-Performance über den gesamten Indikator-Baum die vom SAP BW 3.5 standardmäßig zur Verfügung gestellten Funktionalitäten nicht ausreichen.

[52] Die Query-Definition weist jedoch stets dieselbe Struktur auf.

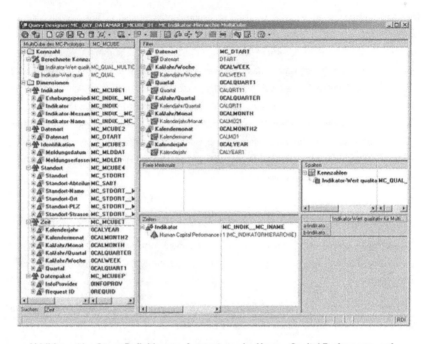

Abbildung 14 – Query-Definition zur Auswertung der Human Capital Performance auf Data Mart-Ebene[53]

Im linken Bereich der Anwendung sind die für die Query-Definition auswählbaren InfoObjects der verschiedenen Dimensionen des InfoCubes aufgeführt. Der rechte Teil zeigt die in der Query verwendeten Merkmale und Kennzahlen an, die den Bereichen Filter, Spalten und Zeilen zugewiesen sind.

Mit Hilfe der Filter-Werte, den Merkmalen der Dimensionen Zeit- und Datenart, kann über die Ihnen zugeordneten Variablen der zu selektierende Datenbereich bei der Query-Ausführung eingeschränkt werden. So wird den Query-Variablen für die Auswertung der aktuellen HC-Performance des jeweiligen Standorts beispielsweise die Einschränkung auf die aktuelle Kalenderwoche über die Variable „Kalenderjahr/Woche" und die Datenart auf Ist-Werte eingeschränkt.

Die InfoObjects in den Bereichen „Zeilen" und „Spalten" definieren die Struktur der Query. Dazu wird auch die zuvor beschriebene Merkmalshierarchie des Indikator-InfoObject verwendet.

Der Folgende ScreenShot zeigt das Ergebnis[54] der Datenanalyse:

---

[53] ScreenShot des BEx Query Designers.

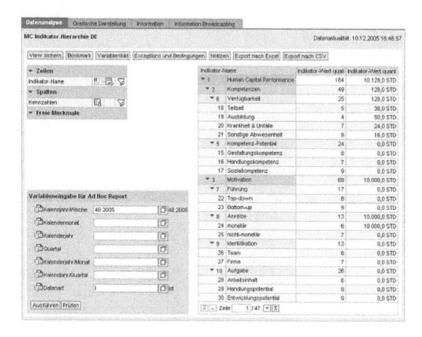

Abbildung 15 – Query-Ergebnis auf dem InfoCube des Standorts Deutschland zur Auswertung der Human Capital Performance[55]

5.3 Auswertungen auf Basis des MultiCubes

Die Auswertung der HC-Performance aus dem Blickwinkel des Gesamtunternehmens kann nur über eine Abfrage auf Basis des MultiCubes erfolgen. Dazu wird eine Query auf dem MultiProvider definiert, die hinsichtlich der Definitionen innerhalb des Filter- und Spalten-Bereichs konform mit der Definition der im vorangegangenen Abschnitt diskutierten Query geht.

Im Bereich der Spalten-Definition gibt es jedoch zwei Abweichungen. Einerseits wurde das quantitative Kennzahl-InfoObject bei der Definition des MultiCubes nicht mit aufgenommen, da es keine unternehmensweit vergleichbaren Daten liefert, und kann deshalb nicht mehr in der Query ausgelesen werden. Andererseits werden nun Daten aus allen drei InfoCubes auf Data Mart-Ebene ausgelesen und innerhalb der Query aggregiert. Dies würde zu verzerrten

---

[54] Es sei auch hier ausdrücklich erwähnt, dass das Query-Ergebnis für die Ermittlung der HC-Performance in der Likert-Skala aufgrund des unstimmigen Aggregationsverhaltens nicht repräsentativ für die Analysen im Rahmen des MC ist. Vgl. dazu auch Fn. 51.

[55] ScreenShot der BEx Adhoc Analyse. Der Eingabebildschirm für die Variableneingabe (am linken unteren Bildrand) wurde zum besseren Verständnis mit Hilfe eines Bildbearbeitungsprogramms eingefügt.

Analyse-Ergebnissen führen, da nun für alle PI des HC drei Datensätze vorhanden sind und aufsummiert werden. Aus diesem Grund muss jeder PI-Wert durch eine Division durch den Wert drei korrigiert werden. Dies erfolgt mit Hilfe einer berechneten Kennzahl, die virtuell auf Basis des Werts des qualitativen Kennzahl-InfoObject den richtigen Wert errechnet und darstellt.

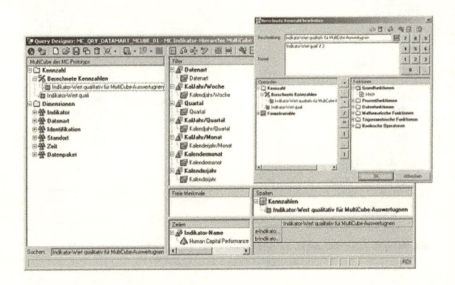

Abbildung 16 – Query-Definition zur Auswertung der Human Capital Performance über den MultiCube[56]

Die vorangegangene Abbildung zeigt zum einen die Query-Definition auf Basis des MultiCubes und anderseits die Formelvorschrift der berechneten virtuellen Kennzahl.

5.4 Weitere Auswertungen auf der Datenbasis

Als weitere Auswertungsmöglichkeiten sind z. B. Plan/Ist-Vergleiche oder der Ausweis der HC-Performance im Zeitverlauf denkbar. Für den Plan/Ist-Vergleich müssen dazu in der einen Spalte das Kennzahl-InfoObject auf die Datenart „Ist", in der anderen Spalte auf die Datenart „Plan" eingeschränkt und zusätzlich eine berechnete Kennzahl definiert werden, die z. B. die prozentuale Abweichung der beiden Werte angibt. Dieses Ergebnis kann mit der folgenden Query-Definition erzielt werden:

---

[56] ScreenShot des BEx Query Designers.

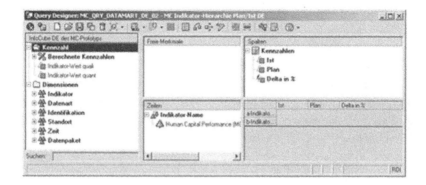

Abbildung 17 – Query-Definition zur Plan-Ist-Auswertung der Human Capital Performance[57]

6 Datenkommunikation

Der vorliegende Abschnitt diskutiert den abschließenden Aufbau des MC-Prototyps zur Unterstützung des PM des HC in seiner Funktion als analytisches Informationsinstrument zur visuellen Präsentation der HC-Performance-Daten. Dabei fließen insbesondere gestalterische und technische Gesichtspunkte in die Diskussion mit ein, die die vorangegangenen Überlegungen zusammenführen und konkretisieren.

6.1 Gestalterische Realisierung

Im Kern der dargelegten Ausführungen zu den in einem MC darzustellenden Informationen stand die Erkenntnis, dass Manager einer stetig größer werdenden Flut von Informationen entgegensehen und sich aufgrund der Vielzahl von vermeintlich zu berücksichtigenden Informationen die Entscheidungskomplexität erhöht. Diesem Umstand soll durch ein MC entgegengewirkt werden, indem lediglich die Informationen kommuniziert werden, die für die spezifische Entscheidung bzw. für den Manager von entscheidender Bedeutung sind und die Kommunikation so erfolgt, dass sie für den Manager sofort eingängig und leicht verständlich ist.

Aus diesem selbst gestellten Anspruch eines MC resultiert die Forderung, ein anwender-/anwendungszentriertes Design mit Orientierung auf den Manager bzw. dessen Aufgabenbereich zu gestalten.

---

[57] ScreenShot des BEx Query Designers.

6.1.1 Anwenderzentriertes Design

Der Anwendungsbereich des hier zu realisierenden MC-Prototyps ist innerhalb des beschriebenen Unternehmensszenarios mit dem PM der HC-Performance vorgegeben und wurde mit den zu kommunizierenden Daten im vorherigen Abschnitt bereits herausgearbeitet. Im Hinblick auf die Anwenderzentrierung soll in Bezug auf den Allgemeingültigkeitsanspruch dieser Arbeit ein universeller Ansatz gewählt werden, der nicht auf Basis einer Einzelstudie eines individuellen Anwenders basiert, sondern auf die Zielgruppe „Management" i. A. ausgerichtet ist.

6.1.2 Zielgruppen-Definition

Die Zielgruppe der Manager wird insbesondere durch die persönlichen und situativen Faktoren der Akzeptanz und Nutzung von Informationen bei der Entscheidungsfindung zur Lösung einer Aufgabenstellung charakterisiert.[58] Im Rahmen der Erkenntnisse der Akzeptanz- und Implementierungsforschung wurden dazu verhaltens-, aufgaben- und situationsorientierte Aspekte im Informationsverarbeitungs- und Entscheidungsfindungsprozess diskutiert, die nun auf den Anwendertyp „Manager" transferiert werden sollen.

Für die Zielgruppe „Management" sind vor allem übergreifende betriebswirtschaftliche Aussagen mit ihren Konsequenzen und Zusammenhängen von Bedeutung. Aufgrund ihrer Funktion, die durch die von ihnen bekleidete Position innerhalb des Unternehmens vorgegeben ist, bestimmen sie die Strategie und Ziele einer Unternehmung. Daher müssen sie im Rahmen ihres Aufgabenbereiches eine Vielzahl unterschiedlicher quantitativer und qualitativer Informationen berücksichtigen und darauf aufbauend die Entscheidungen für die Ausrichtung des Unternehmens treffen.

Mit der Nutzung der modernen IT steht dazu eine breite Basis von Informationen zur Verfügung. Folglich besteht die Aufgabe des Managers zum einen darin, die für die Führung des Unternehmens relevanten Informationen zu identifizieren und sie zum anderen für die Problemlösung bzw. Entscheidungsfindung richtig einzusetzen. Dieser Prozess spiegelt das Arbeitsverhalten des Entscheidungsträgers wider, welcher aufgrund der Problemstellungen im Manageralltag verallgemeinert als analytisch-systematisch angenommen werden kann. Der Arbeitstag eines Managers ist zudem dadurch geprägt, dass viele Arbeitssituationen auftreten, in denen schnelle bzw. viele Entscheidungen in relativ kurzer Zeit getroffen werden müssen.

---

[58] Vgl. Meyer (1996), S. 199.

6.1.3 Zielgruppenorientierte Visualisierung der Informationen

„Das übergeordnete Ziel der Verwendung von Visualisierungen zur Entscheidungsunterstützung im Management besteht in der Verbesserung der Entscheidungsqualität."[59] Dazu soll die Menge der wahrgenommenen, akzeptierten und verarbeiteten Informationseinheiten zur Reduktion der Entscheidungskomplexität und die Vermittlung von Beziehungen zwischen den Informationseinheiten durch sinnvolle Aggregation und grafische Hervorhebung optimiert werden.[60]

Im Rahmen des MC-Prototyps soll dies primär durch eine adäquate Visualisierung der Indikator-Hierarchie der HC-Performance erfolgen, die nach den Gestaltgesetzen von K. Hagge erstellt wird.[61] Die folgende Abbildung vergegenwärtigt noch einmal die Struktur der abzubildenden Informationen:

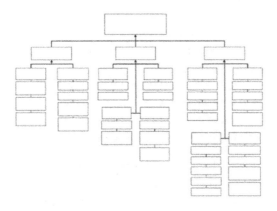

Abbildung 18 – Struktur der Indikator-Hierarchie des Human Capital[62]

Dabei soll die Umsetzung der zielgruppengerechten Visualisierung der Informationen anhand der Gestaltungsdimension grafischer Darstellungsformen diskutiert werden, die kurz vorgestellt werden sollen.

6.1.3.1 Dimensionen visueller Darstellungsformen

Die grafische Visualisierung von Informationen kann in drei Dimensionen differenziert werden: Die Form-, Farb- und Bewegungsdimension.[63]

---

[59] Reiterer et al. (2000), S. 72.
[60] Vgl. Meyer (1999), S. 92ff. i. V. m. Reiterer et al. (2000), S. 72.
[61] Dabei sind ebenfalls technische Aspekte der Umsetzung der Visualisierung zu beachten.
[62] Eigene Darstellung. Vgl. Fn. **Fehler! Textmarke nicht definiert.**.

In der Formdimension wird die Darstellung hinsichtlich ihrer räumlichen Ausdehnung charakterisiert. Mögliche Ausprägungen sind bspw. ein-, zwei- oder drei-dimensionale Abbildungen. Für die Visualisierung der Indikator-Hierarchie ist eine zwei-dimensionale Darstellungsform ausreichend.[64]

Die Dimension der Farbgestaltung ist durch die Anzahl der für die Visualisierung verwendeten Farben determiniert. So können grafische Darstellungen z. B. monochromatisch (schwarz/weiß) oder in Farbe[65] dargestellt werden. Da die im Rahmen des PM evaluierten PI der HC-Performance konsolidiert für Auswertungen in einer zehnstufigen Likert-Skala vorliegen und diese entsprechend ihrer Wertausprägung farblich dargestellt werden sollen, wird für die Visualisierung des Indikatorbaums eine farbige Darstellung verwendet.

Des Weiteren liegen Unterschiede der Visualisierung in der Bewegung innerhalb einer Grafik, die sich entweder statisch oder animiert präsentieren kann. Für die Abbildung der Indikator-Hierarchie des HC soll eine bewegte Darstellung gewählt werden, da eine passende Animation das Verständnis für den Aufbau und die inhaltliche Struktur sowie der Zusammensetzung der Indikator-Hierarchie erleichtert.[66]

6.1.3.2 Anwendung der Gestaltgesetze

Die Gestaltgesetze basieren auf zwei Grundannahmen, die sich auf die visuell wahrgenommenen Objekte und Informationen beziehen.

Das Gesetz der guten Gestalt nach K. Koffka bildet dabei die erste Säule der Gestaltgesetze. Es besagt, dass Objekte bzw. Objektkombinationen besser wahrgenommen werden, wenn sie eine einfache und regelmäßige bzw. bekannte Struktur besitzen und mit wenigen Mustern prägnant[67] beschrieben werden können.[68] Hier zeigen sich Bezüge zu der

---

[63] Vgl. Meyer (1996), S. 18f und 175. J.-A. Meyer nennt zudem eine vierte Dimension visueller Darstellungsformen: Die gestalterische Bindung. Sie definiert die Struktur der Grafik, die entweder pixel- oder vektorbasiert ist. Da dies für die Wahrnehmung einer Grafik keine Rolle spielt und zudem eher einen technischen Realisierungsaspekt betrifft, soll dieser Punkt hier nicht weiter ausgeführt werden.

[64] Dies gilt für eine Zeitpunktbetrachtung der HC-Performance, die hier für die Verwendung der Indikator-Hierarchie zu Darstellung der (aktuellen) HC-Performance vorausgesetzt wird. Ansonsten müsste die Grafik beispielsweise um die Zeit-Dimension erweitert und drei-dimensional dargestellt werden, was wiederum bei der Informationsaufnahme zu einer beträchtlichen Komplexitätssteigerung führen würde und daher vermieden werden soll.

[65] Die heute übliche Farbtiefe von 16-bit in der IT wird dabei mit der Darstellung natürlicher Farben und Farbverläufe gleichgesetzt.

[66] N. Faltin diskutiert in seiner Dissertation zum strukturierten Verstehen von Algorithmen das Hilfsmittel interaktiver Visualisierungen. Dabei geht er insbesondere auf Algorithmen zur Abbildung von Baumstrukturen ein, die mit dem Indikator-Baum der HC-Performance vergleichbar sind. In diesem Rahmen stellt er positive Effekte auf die Informationskomplexität heraus, die auf der Gestaltung der animierten Visualisierung beruhen und ebenfalls auf die hier vorliegende Problemstellung übertragen werden können. Vgl. Faltin (2002), S. 53.

[67] Das Gesetz der guten Gestalt wird auch als Prägnanzgesetz bezeichnet.

Schemata-Theorie, deren Beachtung durch die Gestaltgesetze den Informationsverarbeitungsprozess vereinfachen, und den Erkenntnissen der kognitiven Linguistik[69].

Der zweite Ausgangspunkt der Gestaltgesetze ist das Minimalprinzip nach M. Wertheimer,[70] welches die Reduzierung der darzustellenden Informationen auf die tatsächliche Aufgabenstellung fordert.[71] Dieses wurde bereits durch die Datenanalyse und das PM berücksichtigt.

Diese beiden Grundprinzipien werden im Rahmen der Gestaltgesetze in bis zu über 100 weitere Grundregeln herunter gebrochen. Hier sollen lediglich die für die visualisierte Darstellung des MC-Prototyps relevanten Gestaltgesetze anhand der Darstellungsdimensionen von Informationsvisualisierungen diskutiert werden. Dazu wird sich insbesondere auf die wesentlichen von K. Hagge eruierten Regeln zur Gestaltung von visuellen Informationen bezogen, die als eine Erweiterung bzw. Ergänzung der klassischen Grundannahmen der Gestaltgesetze aufgefasst werden können.[72]

Wie bereits angedeutet, soll die Darstellung der PI zur Abbildung der HC-Performance durch eine zu dem Indikator-Wert korrespondierende farbliche Darstellung erfolgen. Die folgende Abbildung erläutert den Zusammenhang zwischen der qualitativen Indikatorausprägung auf der zehnstufigen Likert-Skala und der Farbzuordnung nach dem Grundprinzip einer diversifizierten Ampelfunktion:

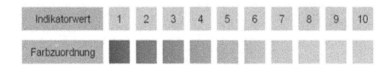

Abbildung 19 – Farbschema für die Abbildung der Indikator-Hierarchie des Human Capital[73]

Nach dem dargestellten Farbschema sollen die einzelnen darzustellenden Hierarchieknoten des Indikatorbaums ausgefüllt werden und so die Ausprägung des zugrunde liegenden PI in visualisierter Darstellung repräsentieren. Dieses Informationsdesign entspricht der von

[68] Vgl. Rohr (1988), S. 32 und Koffka (1935) i. V. m. Meyer (1996), S. 80f.
[69] Im Rahmen des Paradigmas der kognitiven Linguistik wurde festgestellt, dass Menschen stets versuchen, Gestaltkonstruktion im Wahrnehmungsprozess zu konstruieren, da nur ganzheitliche Gestalten wahrgenommen werden.
[70] Vgl. Wertheimer (1922), S. 47ff.
[71] Vgl. Meyer (1999), S. 132 und S. 177.
[72] Vgl. Meyer (1996), S. 82f.
[73] Eigene Darstellung.

K. Hagge geforderten Vorgehensweise zur Informationsreduktion durch Bildung visueller Schemata i. V. m. der Einhaltung von Regel- und Gesetzmäßigkeiten.[74]

Durch die konsistente Umsetzung der Farbmetaphorik in der Farbdimension der Visualisierungen innerhalb des MC kann somit einerseits der Informationsverarbeitungsprozess im Rahmen der Informationsaufnahme verbessert werden, da farblich hervorgehobene Objekte für das menschliche Auge leichter zu identifizieren sind und zudem die Unterscheidung verschiedener Werte besser als bei Zahlen oder Text gelingt. Andererseits wird die allgemeine Assoziation der roten Farbtöne mit schlechten und der grünen mit positiven Eigenschaften ausgenutzt und dadurch die Aufmerksamkeit bei der Informationsverarbeitung fallweise in bestimmten Bereichen der Indikator-Hierarchie erhöht. Dies nimmt auch positiven Einfluss auf die Schemata-Bildung bei der Informationsspeicherung.

Die Abbildung zeigt die zu Auswertungszwecken visualisiert aufbereitete Indikator-Hierarchie zur Abbildung der Performance des HC im MC-Prototyp auf der Datenbasis des Unternehmensstandorts Deutschland.

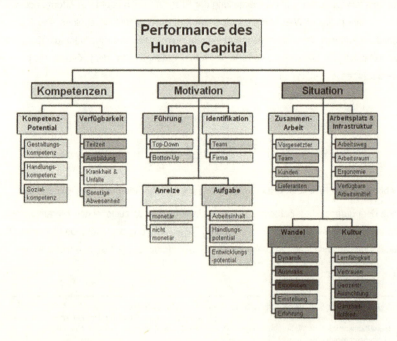

Abbildung 20 – Visualisierung der Indikator-Hierarchie des Human Capital[75]

---

[74] Vgl. Hagge (1994), S. 166ff.

Bei der Gestaltung des Indikatorbaums fand auch implizit das Gesetz der Gestaltung von Formgruppierungen Beachtung, welches durch die Einhaltung der Gestaltgesetze Gleichartigkeit, Nähe, Geschlossenheit und Symmetrie herausgearbeitet wurde. Sie besagen, dass Elemente, die durch Flächen einschließende Konturen begrenzt werden und einen vergleichbaren Formtypus besitzen, eher in Gruppen wahrgenommen werden als unterschiedlich ausgestaltete Objekte.[76] Für die Indikator-Hierarchie wurde die Grundform des Rechtecks gewählt, da nur so in Verbindung mit den ebenfalls zwingend darzustellenden Texten eine einheitliche Optik gewährleistet und von den genannten Vorteilen der Umsetzung der Gestaltgesetze profitiert werden konnte. Des Weiteren wird die Wahrnehmung der Gruppierung der einzelnen Elemente zu den jeweiligen Performance-Dimensionen des Auswertungsgegenstands durch die Darstellung der Verbindungslinien und die sich nach oben hin verjüngende Struktur der Anzahl an Elementen unterstrichen.

Auch die Dimension „Bewegung" bei der Darstellung visueller Informationen unterstützt die Wahrnehmung der Struktur. Dazu wird der Aufbau der Indikator-Hierarchie anhand der drei Dimensionen der HC-Performance von unten nach oben schrittweise aufgebaut. Das folgende Schaubild zeigt die Animation der Indikator-Hierarchie in zehn Schritten:

---

[75] Eigene Darstellung.
[76] Vgl. Meyer (1996), S. 81.

Abbildung 21 – Animation der Indikator-Hierarchie des Human Capital[77]

Mit dem skizzierten Aufbau des Indikatorbaums durch die hierarchisierte Bottom-Up-Einblendungsabfolge der einzelnen Hierarchieknoten wird so bereits bei der Anzeige der Informationen die Struktur der HC-Performance offensichtlich und vermeidet somit weiteren Klärungsbedarf.

6.1.4 Zielgruppenorientierter Aufbau und Navigation

Mit der Navigation bzw. Benutzerführung innerhalb des MC-Prototyps soll dem Anwender die Möglichkeit gegeben werden, flexibel die Informationen für die sich ihm stellende Aufgabe abfragen zu können. Dazu muss das MC eine adäquate Struktur aufweisen, um die Benutzerführung möglichst intuitiv zu gestalten.

Zuerst soll daher der Aufbau des MC beschrieben und die Gründe für die gewählte Struktur erläutert werden. Anschließend wird die Navigation anhand eines Fallbeispiels der typischen Benutzung des MC-Prototyps detailliert und im Zusammenhang die Vorteile des gewählten Aufbaus erläutert.

6.1.4.1 Grundstruktur des Management Cockpits

Die Einteilung des MC-Prototyps basiert auf der weiter unten abgebildeten Grundstruktur, die als zentrales Element den Bereich der „Primär Informationen" in der Bildschirmmitte ausweist. Diese Einteilung wurde aufgrund der Physiognomie des menschlichen Auges gewählt, da es zentrale Ausschnitte des Gesichtsfeldes besser wahrnimmt als Peripheriebereiche.[78]

---

[77] Eigene Darstellung.
[78] Vgl. Meyer (1996), S. 79 i. V. m. Hubel (1986), S. 41 und Frisby (1983), S. 45.

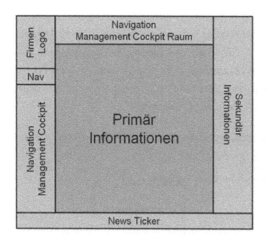

Abbildung 22 – Struktur des MC-Prototyps[79]

Das MC gliedert sich folglich in sieben Bereiche, von denen die Teilbereiche „Firmen Logo", „Navigation Management Cockpit-Raum", „News Ticker" und „Nav" über die gesamte Navigation innerhalb der Anwendung gleich bleiben.

Im Segment „Firmen Logo" wird das fiktive Unternehmenszeichen angezeigt. Es dient der Abbildung des Corporate Designs des fiktiven IT-Dienstleisters. Im Bereich „Nav" lassen sich sämtliche durchgeführte Navigationsschritte zurücknehmen oder wiederholen sowie zum Ausgangspunkt der Anwendung zurückspringen. Die „Navigation Management Cockpit-Raum" erlaubt das Navigieren zwischen den einzelnen Sichten des MCR.[80]

Die vier dynamischen Bereiche des MC-Prototypen werden in Abhängigkeit von dem im Bereich „Primär Informationen" dargestellten Sachverhalt angepasst. Die zentralen „Primär Informationen" stellen in dem hier beschriebenen Unternehmensszenario die Ausprägungen der HC-Performance-Indikatoren dar, über die mit Hilfe der „Navigation Management Cockpit" verschiedene Sichten angewählt und erzeugt werden können. Im rechten Bereich „Sekundär Informationen" werden zudem weiterführende Informationen zur Verfügung gestellt. Der „News Ticker" am unteren Bildschirmrand nimmt dabei eine Sonderrolle ein, da er zwar dynamisch aktuelle Informationen in Form eines Lauftextes anzeigt, aber von seiner Struktur her statisch bleibt.

---

[79] Eigene Darstellung.
[80] Dabei ist allerdings nur die Unternehmensperspektive „Mitarbeiter" in Repräsentation des HC anwählbar.

6.1.4.2 Einstieg in den Management Cockpit-Raum

Aufgrund der Anforderungen an die Produktentwicklung des MC-Prototyps wird der Benutzer bei Aufruf des MCR zuerst auf eine allgemeine Übersichtsseite geleitet, die ihm eine Auswahl der im MCR abgebildeten Unternehmensperspektiven anzeigt. Da hier lediglich die Unternehmensperspektive „Mitarbeiter"[81] in einem einzelnen MC abgebildet werden soll, führt auch nur diese Auswahlmöglichkeit weiter.

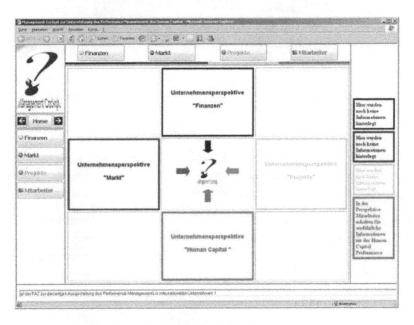

Abbildung 23 – Einstiegsseite des Management Cockpit-Raums[82]

Die Navigation zum MC der Unternehmensperspektive „Mitarbeiter" ist dabei sowohl über die Buttons in der oberen und linken Navigationsleiste als auch über die im Zentrum des Bildschirms abgebildete Beschriftung sowie den Erläuterungstext zu der Funktion der Unternehmenssicht am linken Bildrand möglich. Damit ist sichergestellt, dass der Anwender bei jeder erdenklichen Assoziation mit dem MC zur Unterstützung des PM des HC die richtige Perspektive des MCR auswählt. Die Assoziativität wird zudem durch die konsistente Farbwahl verstärkt, die sich im gesamten Navigationsverlauf stets durch eine rote Hervorhebung der Unternehmensperspektive „Mitarbeiter" manifestiert. Dies zeigt sich auch

---

[81] Die Unternehmensperspektive mit dem Namen Mitarbeiter steht hier stellvertretend für den MC-Prototyp zur Unterstützung des PM des HC in Anlehnung an die Namenskonventionen für die vier Unternehmensperspektiven des BSC-Konzepts.

[82] ScreenShot des Internet Explorers.

im   folgenden   Abschnitt   anhand   der
Abbildung .

6.1.4.3   Einstieg in das Management Cockpit

Beim Aufruf des MC für die Unternehmensperspektive „Mitarbeiter" wird zuerst die
wöchentliche Sicht zur aktuellen Berichterstattung über die HC-Performance anhand der
Indikator-Hierarchie dargestellt.

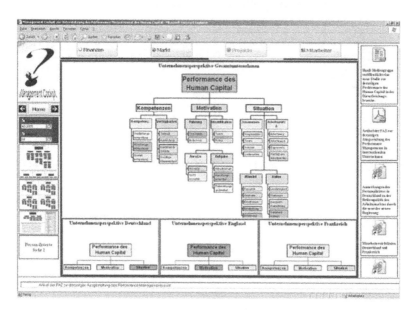

Abbildung 24 – Einstiegsseite des MC-Prototyps[83]

In der oben stehenden Abbildung ist im Bereich der „Primär Informationen" die vollständige
Indikator-Hierarchie über das Gesamtunternehmen abgebildet. Die drei Teil-Indikatorbäume
am unteren Rand des „Primär Informationen"-Bereichs repräsentieren die HC-Performance
in   den   drei   Unternehmensstandorten.   Das   Bildschirmsegment
„Navigation Management Cockpit" bietet die Möglichkeit, die Variablen der zugrunde
liegenden Query für die Datenselektion einzuschränken sowie zu anderen Sichten auf die
HC-Performance zu navigieren. Im linken Teilbereich der „Sekundär Informationen" sind
Verknüpfungen   zu   weiterführenden   Informationen   aus   dem   Internet,   dem
unternehmenseigenen   Portal   oder   einem   in   pdf-Form   vom   Bereich
Unternehmenskommunikation eingestellten Zeitungsartikel erreichbar.

---

[83] ScreenShot des Internet Explorers.

Auch hier wurden alle mit der Mitarbeiter-Perspektive unmittelbar verbundenen Elemente in rot dargestellt und weisen auf den inhaltlich geschlossenen Kontext des MC hin.

6.1.4.4 Navigation im Management Cockpit

Eine weitere Sicht des MC der Unternehmensperspektive „Mitarbeiter" lässt sich durch das Klicken auf eines der Icons im linken Bereich auswählen. Hier ist exemplarisch eine Übersicht über den Standort-Deutschland mit einer eingeschränkten Indikator-Hierarchie, dem Diagramm zur Anzeige der HC-Performance im Zeitverlauf sowie der Plan/Ist-Vergleich über die Indikator-Hierarchie abgebildet.

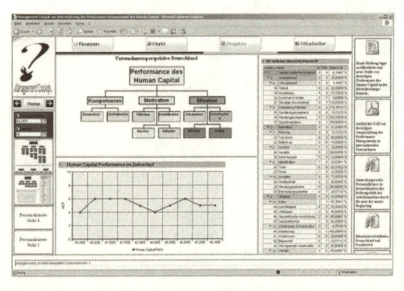

Abbildung 25 – Alternative Sicht des MC-Prototyps[84]

6.2 Technische Realisierung

Die technische Realisierung des MC-Prototyps soll beispielhaft anhand der Darstellung der zuvor gezeigten Navigationsschritte innerhalb des MC erläutert werden.

Dazu wird zuerst die technische Basis des zu realisierenden MC-Prototyp beschrieben. Diese bildet zu allererst die SAP-spezifische BSP-Technologie (Business Server Pages), die den gemeinsamen Anwendungskontext der im MC aufzurufenden Anwendungen darstellt. Darauf aufbauend soll die Entwicklung der einzelnen Sichten des MC-Prototyps

---

[84] ScreenShot des Internet Explorers.

aufgezeigt werden, die mit Hilfe einer Kombination von Objekten des SAP WAS 6.40, des BEx, des WAD und Flash-Animationen sowie programmiertechnischen Verknüpfungen im BSP-Kontext erstellt wurden.

6.2.1 Business Server Pages

Eine BSP-Anwendung ist eine eigenständige Webanwendung mit Präsentations-, Ablauf- und Anwendungslogik, vergleichbar mit anderen Server Pages-Technologien wie Java Server Pages oder Active Server Pages. Innerhalb einer BSP-Applikation können zum einen statische Webseiten ohne serverseitiges Scripting und zum anderen dynamisch durch den SAP WAS 6.40 zu Laufzeit generierte Webseiten sowie sog. MIME-Objekte angelegt werden.[85] Die Multipurpose Internet Mail Extensions-Objekte stellen dabei für den Aufbau des MC-Prototyps Bilder, Cascading Style Sheets und Flash-Dateien dar.

Durch die Integration der BSP-Applikatinen auf dem SAP WAS 6.40 kann bei der Ausführung einer BSP-Anwendung mit Hilfe der SAP-eigenen Programmiersprache ABAP (Advanced Busines Programming Language) auf vielfältige SAP-Funktionalitäten des SAP BW 3.5 oder des SAP WAS 6.40 zurückgegriffen werden. So bietet der BSP-Anwendungskontext z. B. die Möglichkeit an, im HTML-Kontext übergebene Variablen über eine SAP-Methode auszulesen oder andere Funktionsbausteine des SAP-Standards auszuführen.

Neben der serverseitigen Interpretation von ABAP-Code kann durch die clientseitige Auswertung von für das Internet entwickelten Programmiersprachen und Technologien wie HTML, JavaScript oder Flash auf der Präsentationsebene einer BSP-Applikation zurückgegriffen werden.

6.2.2 Implementierung der Grundstruktur des Management Cockpits

Die die Grundstruktur des MC-Prototyps repräsentierende BSP-Applikation ist eine BSP-Seite auf HTML-Basis, die zur Aufteilung der Anwendung eine Frameset-Definition enthält, mit der die Koordination der sieben darzustellenden Bereiche festgelegt werden. Die folgende Abbildung zeigt den SAP Web Application Builder, der zur Erstellung der Index-Seite des MC-Prototyps benutzt wurde:

---

[85] Vgl. Heinemann; Rau (2005), S. 176f.

Abbildung 26 – SAP Web Application Builder des MC-Prototyps[86]

Neben dem Frameset wurden in der BSP-Seite auch sog. Seitenattribute definiert, die als Laufzeitvariablen zur Speicherung und Übergabe von Filterwerten und der Protokollierung der Navigationsschritte dienen.

Zudem ist die Index-Seite, wie schon die in der Webentwicklung übliche Namenskonvention andeutet, die Startseite der BSP-Applikation. Daher wurden den einzelnen Frame-Segmenten auch die entsprechenden Links zu den in ihnen aufzurufenden Web-Seiten hinterlegt.

6.2.3 Implementierung des Einstiegs in den Management Cockpit-Raum

Beim Aufruf des MC-Prototypen über den Browser wird eine Anfrage an den SAP WAS 6.40 gestellt, der den angefragten Link interpretiert und die Index-BSP-Seite aufruft. Nun wird das Web-Dokument an den Client übermittelt und die Definition des Framesets dort interpretiert. Dazu wird zuerst die Bildschirmaufteilung nach der Framesset-Definition umgesetzt und anschließend die die Frame-Segmente füllenden Web-Links ausgewertet und deren relativen Pfade auf dem SAP WAS 6.40 angefragt.

Diese Web-Links repräsentieren jeweils einen der sieben Bereiche des MC-Prototypen, weshalb zuerst sieben BSP-Seiten[87] zu deren Darstellung angelegt werden mussten.

---

[86] ScreenShot des Internet Explorers.
[87] Die Anzahl der BSP-Seiten erweitert sich mit dem Umfang des MC.

6.2.3.1 Implementierung des Firmenzeichens

Der Bereich des Firmen Logos stellt eine statische BSP-Seite dar, in der lediglich ein Bild des Unternehmenszeichen hinterlegt ist.

6.2.3.2 Implementierung der Navigationsbereiche

Die BSP-Anwendung zur Darstellung des Bereichs „Navigation Management Cockpit-Raum" enthält eine HTML-Tabellendefinition mit vier Spalten und einer Zeile. In den Zellen sind die vier Navigationsbuttons mit Verlinkungen zu den MC sowie entsprechende Zellformatierungen einzeln hinterlegt. Der Bereich „Navigation Management Cockpit" stellt die gleichen Buttons untereinander dar. Im Frame „Nav" sind in einem dreispaltigen HTML-Tabellen-Tag die abgebildeten Buttons eingebettet.

6.2.3.3 Implementierung der Informationsbereiche

Die Bereiche „Primär Informationen" und „Sekundär Informationen" werden hier ebenfalls mit einer HTML-Tabelle dargestellt. Die Zellen wurden ebenfalls mit Hilfe einer „style"-Definition entsprechend optisch formatiert und entsprechende Texte und Links zu dem MC des MCR eingefügt.

6.2.3.4 Implementierung des Tickers

Die den News Ticker darstellende Web-Seite ist ein mit dem WAD erstelltes Web-Template. Ein Web-Template ist eine eigenständige HTML-Seite, in die SAP BW 3.5-Elemente, die sog. Web-Items, integriert werden.[88] Für die Darstellung eines News Tickers kann das von der SAP vorgefertigte Web-Item „Ticker" in das Webdokument eingebettet und mit einer Datenquelle verbunden werden.

6.2.4 Implementierung des Einstiegs in das Management Cockpit

Durch das Klicken auf einen der Hyperlinks zum MC der Unternehmensperspektive „Mitarbeiter" wird eine JavaScript-Methode ausgeführt, die die Anzeige der Web-Seiten in den einzelnen Frames der dynamischen Bereiche der Index-BSP-Seite aktualisiert.

6.2.4.1 Implementierung des Navigationsbereichs

Da nur die dynamischen Bereiche der Grundstruktur des MC aktualisiert werden müssen, wird lediglich in das Frame „Navigation Management Cockpit" eine neue Seite geladen. Hier ist erneut eine Tabelle hinterlegt, die die Anzeige der verschiedenen Icons für die Navigation der unterschiedlichen Sichten auf die HC-Performance innerhalb des MC der Unternehmensperspektive „Mitarbeiter" widerspiegelt und entsprechende

---

[88] Vgl. Seemann et al. (2001), S. 88.

Formatierungs-Tags für die assoziative Farbdarstellung enthält. Ein Klick auf eines dieser Icons initiiert das Laden einer neuen BSP-Seite in das „Primär Informationen"-Frame; dies wird im folgenden Abschnitt erläutert.

6.2.4.2 Implementierung des sekundären Informationsbereichs

Beim Einstieg in das MC der Unternehmensperspektive „Mitarbeiter" wird zuerst der Bereich der „Sekundär Informationen" aktualisiert. Dazu wird eine neue Web-Seite in das Frame geladen, die eine Tabellendefinition mit entsprechenden Formatierungen enthält. Die Zellinhalte stellen Verlinkungen zu im Portal oder im Internet/Intranet hinterlegten Dokumenten her, die ergänzende Informationen zur Unternehmensperspektive „Mitarbeiter" enthalten.

6.2.4.3 Implementierung des primären Informationsbereichs

Im Frame „Primär Informationen" wird ein neues Frameset erzeugt, dessen einzelne Segmente auf Web-Templates für die Darstellung der Indikator-Hierachie der HC-Performance aus der Sicht des Gesamtunternehmens und der drei Unternehmensstandorte einzelnen verweisen.

6.2.4.4 Implementierung des Web-Templates für die Darstellung der Indikator-Hierarchie

Der Aufbau des Web-Templates ist für alle vier Sichten identisch. Es enthält ein Web-Item zur Darstellung einer Tabelle, dem als Datenquelle eine Query eines InfoProviders hinterlegt werden kann. So wird standardmäßig eine Tabelle wie in der Abbildung für die Sicht der Niederlassung Deutschland eingeführt. Die Datenwerte der Tabelle sind jedoch aufgrund der eingeschränkten Hierarchie-Aggregationsmöglichkeiten des SAP BW 3.5 für die Darstellung der HC-Performance in der Likert-Skala ungeeignet.

Infolgedessen muss eine Hintergrundberechnung durchgeführt werden, die in Form einer Eigenentwicklung für das Tabellen-Interface des Tabellen-Web-Item implementiert werden soll. Die angepasste Klasse des Tabellen-Interface wird dann dem Web-Item zugewiesen und für die Berechnung der Daten zur Laufzeit genutzt.

6.2.4.5 Implementierung des Tabellen-Interface für die Berechnung der HC-Performance

Für die korrekte Berechnung der HC-Performance innerhalb der Tabelle muss eine von dem Standard-Tabellen-Interface abgeleitete Klasse implementiert und dort einige Methoden re-definiert werden, die die korrekte Berechnungsvorschrift enthält.

Bei der Ausführung der Klasse wird dabei die Tabellen-Struktur zeilenweise abgearbeitet bzw. für die Darstellung in dem Web-Template aufgebaut, wobei bereits alle Werte wie in Abbildung zur Laufzeit vorliegen. In der Methode „Data Cell" wird die Berechnung der korrekten HC-Performance-Werte durchgeführt, indem die Anzahl der Blätter des aktuell in der Datenzeile dargestellten Hierarchieknotens berechnet werden und diese Anzahl als Divisor für den Wert des Knotens verwendet wird, der beim Durchlaufen der Data Cell-Methode vorliegt. Die Berechnung soll noch einmal durch die folgende Formel verdeutlicht werden:

$$\textit{Human Captial Performance–Wert} = \frac{\sum \textit{Knotenwert über die Hierarchieaggregation}}{\sum \textit{Blätter des Knotens}}$$

Formel 2 – Durchschnittliche Hierarchieknoten-Aggregation auf Blatt-Basis

Der so ermittelte Wert wird dann zum einen in den zur Darstellung der Tabellenwertzelle vorhanden HTML-Tag eingefügt. Zum anderen wird der nun in der Likert-Skala vorliegende Wert in einen korrespondierenden Farbcode wie in19 umgerechnet, der in Form einer JavaScript-Variable im Seitenkontext des Web-Templates hinterlegt wird und später für die Darstellung der Indikator-Hierarchie des HC benötigt wird.

Die Anwendung der beschriebenen Berechnungsvorschrift gibt bei der Ausführung des Web-Templates für den Standort Deutschland die folgenden Werte in dem Tabellen-Web-Item aus:

Indikator-Name		Indikator-Wert quali	Indikator-Wert quant
▾ 1	Human Capital Performance	6	10.128,0 STD
▾ 2	Kompetenzen	8	128,0 STD
▾ 6	Verfügbarkeit	6	128,0 STD
18	Teilzeit	5	38,0 STD
19	Ausbildung	4	50,0 STD
20	Krankheit & Unfälle	7	24,0 STD
21	Sonstige Abwesenheit	9	16,0 STD
▾ 5	Kompetenz-Potential	8	0,0 STD
15	Gestaltungskompetenz	8	0,0 STD
16	Handlungskompetenz	7	0,0 STD
17	Sozialkompetenz	9	0,0 STD
▾ 3	Motivation	8	10.000,0 STD
▾ 7	Führung	9	0,0 STD
22	Top-down	8	0,0 STD
23	Bottom-up	9	0,0 STD
▾ 8	Anreize	7	10.000,0 STD
24	monetär	6	10.000,0 STD
25	nicht-monetär	7	0,0 STD
▾ 9	Identifikation	7	0,0 STD
26	Team	6	0,0 STD
27	Firma	7	0,0 STD
▾ 10	Aufgabe	9	0,0 STD

Indikator-Name		Indikator-Wert quali	Indikator-Wert quant
▾ 4	Struktur	4	0,0 STD
▾ 14	Kultur	3	0,0 STD
44	Lernfähigkeit	4	0,0 STD
45	Vertrauen	3	0,0 STD
46	Geozentrische Ausrichtung	2	0,0 STD
47	Ganzheitlichkeit	1	0,0 STD
▾ 13	Arbeitsplatz & Infrastruktur	5	0,0 STD
40	Arbeitsweg	5	0,0 STD
41	Arbeitsraum	6	0,0 STD
42	Ergonomie	5	0,0 STD
43	Verfügbarkeit Arbeitsmittel	4	0,0 STD
▾ 12	Wandel	3	0,0 STD
35	Dynamik	3	0,0 STD
36	Ausmass	2	0,0 STD
37	Emotionen	1	0,0 STD
38	Einstellung	4	0,0 STD
39	Erfahrung	3	0,0 STD
▾ 11	Zusammenarbeit	6	0,0 STD
31	Vorgesetzter	9	0,0 STD
32	Team	5	0,0 STD
33	Kunden	5	0,0 STD
34	Lieferanten	4	0,0 STD

Abbildung 27 – Query-Ergebnis auf dem InfoCube des Standorts Deutschland zur Auswertung der HC-Performance in der Likert-Skala[89]

[89] ScreenShot des BEx Adhoc Analyse. ScreenShot wurde mit Hilfe eines Bildbearbeitungsprogramms bearbeitet.

Es sei jedoch darauf hingewiesen, dass bei der Berechnung des Ergebnisses für die HC-Performance die Hilb'sche Gleichung des Kreislaufkonzepts nicht berücksichtigt werden konnte. Dies geschieht erst bei der Darstellung der HC-Performance in Form der Indikator-Hierarchie.

6.2.4.6 Implementierung der Darstellung der Indikator-Hierarchie

Auf Basis des zuvor dargestellten Query-Ergebnisses bzw. den korrespondierenden JavaScript-Variablenwerten im Seitenkontext des Web-Templates soll die Visualisierung der Indikator-Hierarchie wie in Abbildung 20 erfolgen und dabei die Dimensionen visueller Darstellungsformen für den Indikatorbaum umgesetzt werden.

Für die Abbildung der Indikator-Hierarchie wurde eine Flash-Animation gewählt, da nur diese Technik alle Dimensionen der gestalterischen Anforderungen des Indikatorbaums abbilden kann und zudem die Berücksichtigung der Hilb'sche Gleichung des Kreislaufkonzepts ermöglicht.

Der folgende ScreenShot zeigt die Entwicklungsumgebung Macromedia Flash MX Professional 2004, mit der die Indikator-Hierarchie visualisiert wurde:

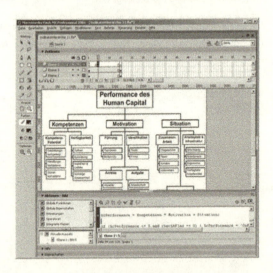

Abbildung 28 – Entwicklungsumgebung Macromedia Flash MX Professional 2004[90]

Die so erstellte Indikator-Hierachie wurde als Flash-Film im MIME-Repository auf dem SAP WAS 6.40 gespeichert und kann dort über eine URL (Unified Ressource Locator)

---

[90] ScreenShot des Macromedia Flash MX Professional 2004.

abgespielt werden. Dabei ist es möglich, der Flash-Animation über die URL Variablen-Werte zu übergeben und diese über die Flash-eigene Programmiersprache „ActionScript" auszuwerten. Dies wird für die farbliche Darstellung der Indikator-Werte wie Abbildung 20 genutzt, indem die JavaScript-Variablen im Web-Template übergeben werden und die dort enthaltenen Farbcodes den Hierarchieknoten zugewiesen werden.

Des Weiteren erfolgt über das zur Laufzeit des Flash-Films ausgeführte ActionScript die Umsetzung der Hilb'schen Gleichung des Kreislaufkonzepts, welche die Berechnung der Gesamt-HC-Performance nach der folgenden Formel durchführt:

$$Human\ Captial\ Performance = Kompetenzen * Motivation + Situation$$

Formel 3 – Hilb'sche Gleichung des Kreislaufkonzepts

Der so errechnete Wert wird dann ebenfalls in einen Farbcode umgerechnet und dieser dem zugrunde liegenden Hierarchieknoten als Hintergrundfarbe zugewiesen.

7 Zusammenfassung

In dieseArbeit wurde die Realisierung des MC-Prototyps beschrieben, der sich im Endergebnis in einem browserorientierten Informationssystem darstellt. Durch die Kombination verschiedenster Techniken konnten so die innerhalb des Unternehmensszenarios definierten Anforderungen an den MC-Prototypen umgesetzt werden.

Mit den Mitteln des SAP BW 3.5 wurde eine für Auswertungen im Rahmen des MC zur Unterstützung des PM des HC konsolidierte Datenbasis geschaffen, die die aus den SAP HR-Systemen der fiktiven Unternehmung gespeicherten qualitativen und quantitativen Informationen zentralisiert bereitstellt. Dazu wurden alle Schritte zur Abbildung des zuvor konzeptionierten Datenflusses im SAP BW 3.5 durchgeführt und das Laden der Performance-Daten in das DWH ermöglicht. Darauf aufbauend wurden Möglichkeiten der Datenanalysen über das Gesamtunternehmen und auf Basis der einzelnen Unternehmensstandorte aufgezeigt, die innerhalb des MC-Prototyps visualisiert werden.

Um die an ein MC gestellten Ansprüche hinsichtlich der Visualisierung von entscheidungsrelevanten Informationen zu erfüllen, wurden die Erkenntnisse einer Vielzahl von Forschungsgebieten zusammengeführt und in ein anwenderzentriertes Design umgesetzt. Dabei wurden die vom SAP WAS 6.40 angebotenen Techniken zur Webentwicklung ausgeschöpft und ein adäquates MC zur Unterstützung des PM des HC realisiert.

6 Literaturverzeichnis (inkl. weiterführender Literatur)

Internet-Quellen

Barry & Associates, Inc (2005): Web Services and Service-Oriented Architectures, http://www.service-architecture.com, Stand: 02.12.2005.

Berlecon Reasearch GmbH (Hrsg.) (2005): Management Cockpits sorgen in Unternehmen für schnellen Durchblick, http://www.berlecon.de/presse/index.php?we_objectID=230, Stand: 08.10.2005.

Carl von Ossietzky Universität Oldenburg (Hrsg.) (2005a): MUSE II – Method for User Interface Engineering, http://www-cg-hci.informatik.uni-oldenburg.de/research.html#PR_MUSE2, Stand: 01.12.2005.

Carl von Ossietzky Universität Oldenburg (Hrsg.) (2005b): Entwurf der Benutzungsoberfläche mit MUSE, http://www-cg-hci.informatik.uni-oldenburg.de/~da/eden/Inhalt/Kapitel_5/5.5entwurf_der_benutzungsoberflaeche_mit_muse.htm#5.5, Stand: 01.12.2005.

Cundus AG (Hrsg.) (2005): Management Cockpit, http://www.cundus.de/downloads/cundus_Info_Management_Cockpit.pdf, Stand: 08.10.2005.

Daum, Jürgen H. (Hrsg.) (1998): Eine neue Generation von analytischen Softwareanwendungen zur Unterstützung von Managementprozessen: Strategic Enterprise Management (SEM), http://www.juergendaum.de/articles/sem_d.pdf, Stand: 08.10.2005.

Institut für Organisation und Personal (2003): http://www.iop.unibe.ch/medien/pdf-2003/swissre-28.4.03.pdf, Stand: 23.11.2005.

International Organization for Standardization (ISO) (Hrsg.) (1997): Ergonomic requirements for office work with visual display terminals (VDTs), http://www.iso.org/iso/en/CombinedQueryResult.CombinedQueryResult?queryString=9241, Stand: 01.12.2005.

N.E.T. Research (2005a): The Management Cockpit® – The Management Cockpit®, http://management-cockpit.net/rubrique2.html?lang=en#47, Stand: 10.10.2005.

N.E.T. Research (2005b): The Management Cockpit® – Pressse, http://management-cockpit.net/rubrique5.html?lang=fr, Stand: 13.12.2005.

NetSkill AG (Hrsg.) (2005): Human Kapital http://www.competence-site.de/C1256931003860BB.nsf/0/F10202E6D68E8C4AC1256B44004B7FD1?Open, 23.11.2005.

SAP AG (Hrsg.) (o. J.): Design Guild – SAP's resource & forum for people-centric design, http://www.sapdesignguild.org/index.asp, Stand: 01.12.2005.

SAP AG (Hrsg.) (2005): Schlüsselbereiche der Application Platform, http://help.sap.com/saphelp_nw04s/helpdata/de/17/f1b640c9aa054fa12493e48912909c/fra meset.htm, Stand: 05.12.2005.

SAP AG (Hrsg.) (2003a): Administrator Workbench, http://help.sap.com/saphelp_bw33/helpdata/de/e3/e60138fede083de10000009b38f8cf/frame set.htm, Stand: 05.12.2005.

SAP AG (Hrsg.) (2003b): Business Information Warehouse: Überblick, http://help.sap.com/saphelp_bw33/helpdata/de/ad/6b023b6069d22ee10000000a11402f/fram eset.htm, Stand: 05.12.2005.

SAP AG (Hrsg.) (2003c): Plattforminteroperabilität von SAP NetWeaver mit IBM WebSphere und Microsoft .NET, http://www11.sap.com/germany/media/50063160.pdf, Stand: 07.12.2005.

W3C (2002): Web Services Architecture – W3C Working Draft 14 November 2002, http://www.w3.org/TR/2002/WD-ws-arch-20021114, Stand: 02.12.2005.

Literatur-Quellen

Anahory, S.; Murray, D. (1997): Data Warehouse – Planung, Implementierung und Administration, Bonn 1997.

Arnold, U. (1989): Zur Informationsverarbeitung von Konsumenten – Jahrbuch der Absatz- und Verbrauchsforschung, Heft 4 1989, S. 387-401.

Baetge, J.; Schulze, D. (1998): Möglichkeiten der Objektivierung der Lageberichterstattung über „Risiken der künftigen Entwicklung" – Ein Vorschlag zur praktischen Umsetzung der vom KonTraG verlangten Berichtspflichten, in: Der Betrieb, Heft 19 1998, S. 937-948.

Bange, C.; Schnizer, H. (2000): ETL-Werkzeuge für das Data Warehouse: Aufbauhilfe und Prozesssteuerung, in: it-Fokus, 7/2000, S. 10-16.

Bartel, W.; Schwarz, S; Strasser, G. (2000): Der ETL-Prozess des Data Warehousing, in: Jung, R.; Winter, R. (Hrsg.): Data Warehousing Strategie – Erfahrungen, Methoden, Visionen, Berlin et al. 2000, S. 43-60.

Bauer, A.; Guenzel, H. (2001): Data Warehouse Systeme, Heidelberg, 2001.

Becker, O. (1951): Der Leistungsbegriff in der Betriebswirtschaftslehre, Diss., Heidelberg, 1951.

Becker, J. (1993): Modellierung und Speicherung aggregierter Daten als Basis für das Controlling, in: Scheer, A.-W. (Hrsg.): Rechnungswesen und EDV 1993 – 14. Saarbrücker Arbeitstagung, Heidelberg 1993, S. 19-37.

Behme, W. (1992): ZP-Stichwort: Entscheidungsunterstützungssysteme, in: Zeitschrift für Planung 2/1992, S. 179-184.

Behme, W.; Holthuis, J.; Mucksch, H. (2000): Umsetzung multidimensionaler Strukturen, in: Mucksch, H.; Behme, W. (Hrsg.): Das Data-Warehouse-Konzept – Architektur - Datenmodell - Anwendungen; Mit Erfahrungsberichten, 4. Aufl., Wiesbaden 1996, S. 215-242.

Berliner, C.; Brimson, J. A. (1988): Cost Management for Today's Advanced Manufacturing – The CAM-I Conceptual Design, Boston 1988.

Berson, A.; Smith, S. (1997): Data Warehouse, Data Mining & OLAP. New York 1997.

Bierbach, E. (2000): Naturheilkunde – Praxis Heute, München 2000.

Blankenburg, D. (1999): Evaluation von Performance Measurement-Systemen, St. Gallen 1999.

Botta, V. (1997): Kennzahlensysteme als Führungsinstrumente – Planung, Steuerung und Kontrolle der Rentabilität im Unternehmen, 5. Aufl., Berlin 1997.

Bouffier, W. (1950): Betriebswirtschaftslehre als Leistungslehre, in: Bouffier, W. (Hrsg.), Das Kleingewerbe, Heft 2, Wien 1950, S. 3-15.

Briam, K.-H. (1986): Arbeiten ohne Angst – Arbeitsmanagement im technischen Wandel, 2. Aufl., Düsseldorf, Wien 1986.

Brökelschen, J. (1998): Betriebliche Humankapitalbildung als strategischer Wettbewerbsfaktor in der Automobilproduktion – Eine vergleichende Analyse der deutschen, US-amerikanischen und japanischen Automobilindustrie, Diss., Duisburg 1998.

Brunner, J.; Sprich, O. (1998): Performance Management und Balanced Scorecard – Zur Verbesserung wertschöpfungsorientierter Leistungs-Indikatoren in: iomanagement, Heft 6 1998, S. 30-36.

Burke, J. C.; Minassians, H.; Yang, P. (2002): State Performance Reporting Indicators: What Do They Indicate? – Planning for Higher Education, o. O. 2002.

Butler, A.; Letza, S. R.; Neale, B. (1997): Linking the Balanced Scorecard to Strategy, in: Long Range Planning, 2/1997, S. 242-253.

Buttler, G.; Stroh, R. (2000): Einführung in die Statistik, 7. Auflage, Hamburg 2000.

Chamoni, P.; Zeschau, P. (1996): Management-Support-Systems und Data-Warehousing, in: Mucksch, H.; Behme, W. (Hrsg.): Das Data-Warehouse-Konzept – Architektur - Datenmodell - Anwendungen; Mit Erfahrungsberichten, Wiesbaden 1996, S. 47-83.

Chamoni, P.; Gluchowski, P. (1999): Analytische Informationssysteme – Einordnung und Überblick, in: Chamoni, P.; Gluchowski, P. (Hrsg.): Analytische Informationssysteme – Data Warehouse, On-Line Analytical Processing, Data Mining, 2. Auflage, Berlin Heidelberg 1999.

Chen, P. P.-S. (1976): The Entity-Relationship Modell – Toward a unified field of Data, in: ACM TODS: Januar 1976, S. 9-36.

Codd, E. F. (1970): A Relational Model of Data for Large Shared Data Banks, in CACM, 6/1970, S. 377-379.

Codd, E. F. (1993); Codd, S. B.; Salley, C. T.: Beyond Decision Support, in: Computerworld 27, 1993, S. 87-89.

Codd, E. F. (1994): OLAP. On-Line Analytical Processing mit TM/1, M.I.S. GmbH, Darmstadt, 1994.

Copeland, T. E.; Koller, T. M.; Murrin, J. (1995): Valuation, measuring and managing the value of a company, 2. Aufl., New York 1995.

Cyert, R. M.; March, J. G. (1963): A Behavioral Theory of the Firm, New Jersey 1963.

D'Andrade, R. (1995): The development of cognitive anthropology, Cambridge 1995.

Daum, J. H. (2002): Intangible Assets oder die Kunst, Mehrwert zu schaffen, Bonn, 2002.

Daum, J. H. (2003): Intangible Assets and Value Creation, Chichester, 2003.

Devlin, B. (1997): Data Warehouse – From architecture to implementation, Massachusetts, Amherst et al. 1997.

Diekmann, A. (1997): Empirische Sozialforschung – Grundlagen, Methoden, Anwendungen, 3. Auf., Hamburg 1997.

Diensberg, C. (2001): Balanced Scorecard – kritische Anregungen für die Bildungs- und Personalarbeit, für Evaluation und die Weiterentwicklung des Ansatzes, in: Diensberg, C.; Krekel, E. M.; Schobert, B. (Hrsg.): Balanced Scorecard und House of Quality – Impulse für die Evaluation in Weiterbildung und Personalentwicklung, BiBB Heft 53, Bonn 2001, S. 21-38.

Dyckhoff, H. (1986): Informationsverdichtung zur Alternativbewertung, in: Zeitschrift für Betriebswirtschaft, Nr. 56, S. 848-872.

Eccles, R. G. (1991): The Performance Measurement Manifesto, in: HBR, Heft 1 1991, S. 131-137.

Egelhoff, W. G. (1988): Organizing the multinational enterprise, Cambridge 1988.

Engelage, A. (2002): Qualitätswahrnehmung bei Lebensmitteln – Das Verbraucherbild in Rechtsprechung und Wissenschaft, Diss., Berlin 2002.

Engels, E. (1996), OLAP jenseits der Schlagworte (1): Grundlagen und Datenmodellierung, in: it-Fokus, Juli 1996, S. 14-24.

Eschenbach, R., Haddad, T. (1999): Die Balanced Scorecard – Führungsinstrument im Handel, Wien 1999.

Faltin, N. (2002): Strukturiertes actives Lernen von Algorithmen mit interaktiven Visualisierungen, Diss., Oldenburg 2002.

Farner, G. (1995): Rules for Evaluating OLAP Systems – A critical Requirement for Business Intelligence Systems, IRI Software, White Paper, 1995.

Fischer, R. (2003): Unternehmensplanung mit SAP SEM, Bonn 2003.

Fortuin, L. (1988): Performance Indicators – Why, Where and How?, in: European Journal of Operational Research, Heft 1 1988. S. 1-9.

Franck, E. (1992): Körperliche Entscheidungen und ihre Konsequenzen für die Entscheidungstheorie, in: Die Betriebswirtschaft, Heft 5 1992, S. 631-647.

Frese, E.; v. Werder, A. (1993): Zentralbereiche – Organisatorische Formen und Effizienzbeurteilung, in: Frese, E.; v. Werder, A.; Maly, W. (Hrsg.): Zentralbereiche, Stuttgart 1993, S. 1-50.

Friedag, H. R.; Schmidt, W. (2004): My Balanced Scorecard – Das Praxishandbuch für Ihre individuelle Lösung, u. a. Freiburg 2004.

Frisby, J. P. (1983): Sehen, Optische Täuschungen, Gehirnfunktionen, Bildgedächtnis, München 1983.

Fritz, W. (1990): Marketing – ein Schlüsselfaktor des Unternehmenserfolges?, in: Marketing ZFP, Heft 2 1990, S. 91.

Galagan, Patricia (1988): Donald E. Petersen. Chairman of Ford and Champion of its people, in: Training & Development Journal, Ausgabe 42, August 1988, S. 20-24.

Gärtner, M. (1996): Die Eignung relationaler und erweiterter relationaler Datenmodelle für das Data-Warehouse, in: Mucksch, H.; Behme, W. (Hrsg.): Das Data-Warehouse-Konzept – Architektur - Datenmodell - Anwendungen; Mit Erfahrungsberichten, Wiesbaden 1996, S. 133-164.

Geanuracos, J.; Meiklejohn, I. (1993): Performance Measurement – The New Agenda, London 1993.

Gehringer, J.; Michel, W. J. (2000): Frühwarnsystem Balanced Scorecard, Düsseldorf Berlin 2000.

Gerstlauer, M. (2004): Eignung neuer Informations- und Kommunikationstechnik zur Erhöhung der Internationalität von Forschung und Entwicklung – Möglichkeiten und Grenzen, Diss. Bamberg 2004.

Gilles, R. (2005): Performance Measurement mittels Data Envelopment Analysis – Theoretisches Grundkonzept und universitäre Forschungsperformance als Anwendungsfall, Diss., Köln 2005.

Gleich, R. (1997): Performance Measurement, in: Die Betriebswirtschaft, Jg. 57, 1/1997.

Globerson, S. (1985): Issues in developing a performance criteria system for an organisation, in: International Journal of Production Research, Heft 4 1985, S. 639-646.

Gluchowski, P. (1996): Architekturkonzepte multidimensionaler Data-Warehouse-Lösungen, in: Mucksch, H.; Behme, W. (Hrsg.): Das Data-Warehouse-Konzept – Architektur - Datenmodell - Anwendungen; Mit Erfahrungsberichten, Wiesbaden 1996, S. 230-264.

Gluchowski, P.; Gabriel, R.; Chamoni, P. (1997): Management Support Systeme – Computergestützte Informationssysteme für Führungskräfte und Entscheidungsträger, Berlin Heidelberg 1997.

Gorny, P. (1997): Kontextbezogener Entwurf von Benutzungsoberflächen mit MUSE II - Tutorial im Rahmen der Fachtagung Software-Ergonomie '97 in Dresden, Oldenburg 1997.

Gorny, P.; Viereck, A.; Qin L.; Daldrup, U. (1993): Slow and principled prototyping of usage surfaces – A method for user interface engineering, in: Züllighoven, H. (Hrsg.): Proceedings of Requirements Engineering RE ´93 – Prototyping – Bonn April 1993, Stuttgart 1993, S. 125-133.

Guthunz, U. (1994): Informationssysteme für das strategische Management – Eine Untersuchung zur theoretischen Fundierung und Gestaltung strategischer Informationssysteme am Beispiel der Kostenrechnung, Wiesbaden 1994.

Haase, P.; Jaehrling, D. (1986): Zukunftsorientierte Qualifikationssicherung als unternehmerische Aufgabe – Dargestellt an Beispielen aus der Volkswagen AG und AUDI AG, in: Günter Berndt, (Hrsg.), Personalentwicklung. Ansätze - Konzepte - Perspektiven, Köln u. a. 1986, S. 113-168.

Hagge, K. (1994): Informations-Design, Heidelberg 1994.

Hahn, D. (1991): Strategische Führung und Strategisches Controlling, in: ZfB, Jg. 43, Ergänzungsheft 3/1991.

Hahne, M. (2005): SAP Business Information Warehouse – Mehrdimensionale Datenmodellierung, Berlin Heidelberg 2005.

Hail, L. (1996): Prozesskostenmanagement bei Banken – Ein modernes Instrumentarium zur Führung des Betriebsbereiches von Finanzinstituten – Beiträge des Instituts für Rechnungswesen und Controller der Universität Zürich, Band 6, Zürich 1996.

Haldi, E. D. (2001): Nutzenpotentiale internetgestützter Informations- und Kommunikationssysteme für das integrierte Management der Human-Ressourcen in internationalen Unternehmen unter besonderer Berücksichtigung des strategischen HR Controlling, Diss., St. Gallen 2001.

Hannig, U. (1998): Data Warehouse und Managementinformationssysteme, in: Hannig, U. (Hrsg.), Data Warehouse und Managementinformationssysteme, Stuttgart 1996, S. 1-10.

Harengel, J. (2000): Die Balanced Scorecard als Instrument des Banken-Controlling, Diss., Konstanz 2000.

Hauschildt, J. (1983): Die Fragen dieses Forschungsprojektes, in : Hauschildt, J.; Gemünden, H. G.; Grotz-Martin, S.; Haidle, U. (Hrsg.): Entscheidungen der Geschäftsführung – Typologie - Informationsverhalten - Effizienz, Tübingen 1983, S. 1-10.

Heilmann, H. (1987): Computerunterstützung für das Management – Entwicklung und Überblick, in: HMD 138/1987, S. 3-17.

Heinemann, F.; Rau, C. (2005): Webentwicklung in ABAP mit dem SAP Web Application Server, 2. Aufl., Bonn 2005.

Heinen, E. (1976): Grundlagen betriebswirtschaftlicher Entscheidungen – Das Zielsystem der Unternehmung, 3. Aufl., Wiesbaden 1976.

Helfert, M. (2000): Massnahmen und Konzepte zur Sicherung der Datenqualität. In: Jung, R.; Winter, R. (Hrsg.): Data Warehousing Strategie – Erfahrungen, Methoden, Visionen, Berlin et al. 2000, S. 61-78.

Henzel, F. (1967): Kosten und Leistungen, Essen 1967.

Hilb, M. (1997): Integriertes Personal-Management – Ziele - Strategien - Instrumente, 4. Auflage, Berlin 1997.

Hirsemann, T.; Rochusch, D. (2003): JavaScript – Wissen das sich auszahlt, Berlin 2003.

Hoffjan, A. (1997): Entwicklung einer verhaltensorientierten Controlling-Konzeption für die Arbeitsverwaltung, Diss., Wiesbaden 1997.

Hogarth, R. M. (1987): Judgement and Choice – The Psychology of Decision, u. a. Chichester 1987.

Holthuis, J. (1999): Der Aufbau von Data Warehouse-Systemen – Konzeption - Datenmodellierung – Vorgehen, 2. Aufl., Wiesbaden 1999.

Holthuis, J. (2000): Grundüberlegungen für die Modellierung einer Data Warehouse-Datenbasis, in: Mucksch, H.; Behme, W. (Hrsg.): Das Data-Warehouse-Konzept – Architektur - Datenmodell - Anwendungen; Mit Erfahrungsberichten, 4. Aufl., Wiesbaden 1996, S. 149-180.

Homp, C. (2000). Entwicklung und Aufbau von Kernkompetenzen, Wiesbaden 2000.

Horngren, C. T.; Sundem, G. L.; Stratton, William O. (1996): Introduction to management accounting. Upper Saddle River 1996.

Horváth, P. (1996): Controlling, München 1996.

Horváth & Partner GmbH (2001): Balanced Scorecard umsetzen, 2. Aufl., u. a. Stuttgart, 2001.

Hubel, D. H. (1986): Das Gehrin, in: Ritter, M. (Hrsg) Wahrnehmung und visuelles System, Heidelberg 186, S. 16-25.

Inan, Y. (1997): Semantische Modellierung komplexer OLAP-Anwendungen mit der Objekttypenmethode (OTM) - Grundlagen und Fallstudie, Diss., Konstanz 1997.

Inmon, W. H. (1992): Building the Data Warehouse, New York et al. 1992.

Inmon, W. H.; Welch, J. D. (1997); Glassey, K. L.: Managing the Data Warehouse, New York et al. 1997.

Jahnke, B.; Groffmann, H.-D.; Kruppa, S. (1996): On-Line Analytical Processing (OLAP), in: Wirtschaftsinformatik, März 1996, S. 321-324.

Johnson, H. T. (1992): Relevance Regained – From Top-Down Control to Bottom-Up Empowerment, New York, Toronto 1992.

Jung, R.; Winter, R. (2000): Data Warehousing: Nutzungsaspekte, Referenzarchitektur und Vorgehensmodell, in: Jung, R.; Winter, R. (Hrsg.): Data Warehousing Strategie – Erfahrungen, Methoden, Visionen, Berlin et al. 2000.

Kaplan, R. S.; Norton, D. P. (1997): The Balanced Scorecard – Strategien erfolgreich umsetzen, Stuttgart 1997.

Karlowitsch, M. (2000): Leistungscontrolling mit der balanced scorecard, Diss., Düsseldorf 2000.

Kay, W. (2003): Messung und Modellierung von SAP R/3- und Storage-Systemen für die Kapazitätsplanung, Diss., Essen 2003.

Kirchner, J. (1996): Transformationsprogramme und Extraktionsprozesse von entscheidungsrelevanten Basisdaten, in: Mucksch, H.; Behme, W. (Hrsg.): Das Data-Warehouse-Konzept – Architektur - Datenmodell - Anwendungen; Mit Erfahrungsberichten, Wiesbaden 1996, S. 265-299.

Kittner, M. (1997), „Human Resources" in der Unternehmensbewertung, in: Der Betrieb, Heft 46, 50. Jg., November 1997, S. 46-55.

Kleinhans, A. (1992); Rüttler, M.; Zahn, E. (1992): Management-Unterstützungssysteme – Eine vielfältige Begriffswelt, in: Hichert, R.; Moritz, M. (Hrsg.), Management-Informationsysteme, 2. Aufl., u. a. Berlin 1992, S. 1-14.

Klingebiel, N. (1998): Performance Management – Performance Measurement, in: ZfP, (1998), S. 1-15.

Klingebiel, N. (1999): Performance Measurement – Grundlagen – Ansätze – Fallstudien, Wiesbaden 1999.

Klingebiel, N. (2001): Impulsgeber des Performance Measurement, in: Klingebiel, N.: Performance Management & Balanced Scorecard, München 2001, S. 4-23.

Koffke, K. (1935): Principles of Gestalt Psychology, New York 1935.

Kosoil, E. (1972): Die Unternehmung als wirtschaftliches Aktionszentrum – Einführung in die Betriebswirtschaftslehre, Hamburg 1972.

Krause, O. (2005): Performance Management – Eine Stakeholder-Nutzen-orientiere und Geschäftsprozess-basierte Methode, Diss., Berlin 2005.

Krüger, W. (1979): Controlling: Gegenstandsbereich, Wirkungsweise und Funktionen im Rahmen der Unternehmungspolitik, in: BFuP, 31. Jg., 1979, Heft 2, S. 158-169.

Küpper, H.-U. (1997): Controlling – Konzeption, Aufgaben und Instrumente, 2. Aufl. Stuttgart 1997.

Laudon, K. C.; Laudon, J. P. (1991): Management Information Systems – A Contemporary Perspective, 2. Aufl. u. a. New York 1991.

Lebas, M. (1995): Performance measurement and performance management, in: International Journal of Production Economics 1995, Ausgabe 41 Nr. 9, S. 23-35.

Lebas, M. (1995a): Oui, il faut définir la performance, in: R.F.C., Nr. 269, Juni-August 1995, S. 66-71.

Likert, R. (1972): Neue Formen der Unternehmensführung, Bern 1972.

Linser, A. (2005): Performance Measurement in der Flugzeuginstandhaltung, Diss., St. Gallen 2004.

Little, J. D. C. (1970): Models and Managers – The Concept of a Decision Calculus, in: Management Science, Ausgabe 16, Nr. 8, 1970, S. 466-485.

Lohmann, C.; Fortuin, L.; Wouters, M. (2004): Designing a Performance Measurement System – A Case Study, in: European Journal of Operational Research 156, S. 267-286.

Lusti, M. (1999): Data Warehousing und Data Mining – Eine Einführung in entscheidungsunterstützende Systeme, Berlin Heidelberg 1999.

Lynch, R. L.; Cross K. F. (1995): Measure up! Yardsticks for continuous improvement, Cambridge 1995.

Mann, R. I.; Watson, H. J.; Cheney, P. H.; Gallagher, C. A. (1989): Accommodating cognitive style through DSS hardware and software, in: Sprague, R. H.; Watson, H. J. (Hrsg.): Decision Support Systems – Putting theory into practice Englewood Cliffs 1989, S. 103-115.

Mark, R. (1992): Raumstrukturelle Auswirkungen der Telekommunikation – Untersuchungen am Beispiel Nordrhein-Westfalens, Bochum 1992.

Marshall, S. (1991): Meeting the quality challenge together – Productivity first no longer works, in: Journal For Quality And Participation, Ausgabe 14, 6/1991, S. 6-8.

Mehrwald, C. (2003): SAP Business Information Warehouse 3 – Architektur, Konzeption, Implentierung, Heidelberg 2003.

Merchant, K. A.; Bruns W. J. (1986): Measurement to Cure Management Myopia, in: Business Horizons, Aufl. 29, Nr. 3 1986, S. 18-23.

Meyer, A. (2005): Informatik im Wandel, in: c't – Magazin für computer technik, Heft 21, Hannover 2005.

Meyer, C. (1994): Betriebswirtschaftliche Kennzahlen und Kennzahlensysteme, 2. Auflage, Stuttgart 1994.

Meyer, J.-A. (1996): Visualisierungen im Management, Wiesbaden 1996.

Meyer, J.-A. (1999): Visualisierungen im Management – Verhaltenswissenschaftliche Grundregeln für das Management, Wiesbaden 1999.

Microsoft (1995): The Windows interface guidelines for software design – An application design guide, o. O. 1995.

Mucksch, H. (1996): Charakteristika, Komponenten und Organisationsformen von Data-Warehouses, in: Mucksch, H.; Behme, W. (Hrsg.): Das Data-Warehouse-Konzept – Architektur - Datenmodell - Anwendungen; Mit Erfahrungsberichten, Wiesbaden 1996, S. 85-116.

Mummert Consulting AG (2004): Business Intelligence Studie biMA® 2004 – Wie gut sind die BI-Lösungen der Unternehmen in Deutschland?, Hamburg 2004.

Muncha, C. (1990): Lernprozesse und Flexibilität als Gestaltungselemente strategischer Informationssysteme, in: Zeitschrift für Planung, Heft 3, S. 217-232.

Murch, G. M.; Woodworth, G. L. (1978): Wahrnehmung, u. a. Stuttgart 1978.

Müller-Böling, D.; Ramme, I. (1990): Informations- und Kommunikationstechniken für Führungskräfte – Top-Manager zwischen Technikeuphorie und Tastenphobie, u. a. München 1990.

Neely, A.; Gregory, M.; Platts, Ken (1995): Performance Measurement System Design – A Literature Review and Research Agenda, in: International Journal of Operations & Production Management, Ausgabe 15 1995 Nr. 4, S. 80-116.

Neely, A. (1998). Measuring Business Performance – Why, what and how, London 1998.

Norton, D. P.; Kappler, F. (2000): Balanced Scorecard Best Practises – Trends and Research Implications, in: Controlling, Heft 1/2000, S. 15-22.

Oehler, K (2000): OLAP – Grundlagen, Modellierung und betriebswirtschaftliche Lösungen, München Wien 2000.

Osterloh, M. (1999): Märkte als neue Form der Organisation und Führung? Oder: Warum ist virtuell virtuos?, in: Gomez, P.; Müller-Stewens, G.; Rüegg-Stürm, J. (Hrsg.): Entwicklungsperspektiven einer integrierten Managementlehre – Forschungsgespräch aus Anlass der 100-Jahr-Feier der Universität St. Gallen, Bern 1999, S. 381-408.

Prahalad, C. K.; Hamel, G. (1990); The Core Competence of the Corporation, in: Harvard Business Review, Aufl. 68 Nr. 3, S. 79-91.

Petzholt, S. (2001): Einführung der Balanced Scorecard als Performance-Meß-System für systematische Organisationsentwicklungsprozesse, Aachen 2001.

Pietsch, T.; Memmler, T. (2003): Balanced Scorecard erstellen – Kennzahlenermittlung mit Data Mining, Berlin 2003.

Probst, G.; Knaese, B. (1998): Führen Sie Ihre „Knowbodies" richtig?, in: io management, Ausgabe 4, S. 38-41.

Rappaport, A. (1998): Creating Shareholder Value – A Guide for Managers and Investors, New York 1998.

Reichmann, T.; Lachnit, L. (1976): Planung, Steuerung und Kontrolle mit Hilfe von Kenzahlen, in: Zeitschrift für betriebswirtschaftliche Forschung, Nr. 28, S. 705-723.

Reichmann, T. (1997): Controlling mit Kennzahlen und Managementberichten – Grundlagen einer systemgestützten Controlling-Konzeption, 5. Aufl., München 1997.

Reichwald, R.; Manz, U.; Odemer, W.; Sorg, S. (1984): Ein integriertes Bürosystem im Organisationstext – Ergebnisse der Begleituntersuchung im Kooperationsfeld von Führungskräfte, in: Beckurts, K. H.; Reichwald, R.: Kooperation im Management mit integrierter Bürotechnik – Anwendererfahrungen, München 1984, S. 71-160.

Reiser, M.; Holthuis, J. (1996): Nutzenpotentiale des Data-Warehouse-Konzepts, in: Mucksch, H.; Behme, W. (Hrsg.): Das Data-Warehouse-Konzept – Architektur - Datenmodell - Anwendungen; Mit Erfahrungsberichten, Wiesbaden 1996, S. 85-116.

Reiterer, H.; Mann, T. M.; Mußler, G.; Bleimann, U.: Visualisierung von entscheidungsrelevanten Daten für das Management, in: HMD 212 04/2000, S. 71-83.

Riedl, J. B. (2000): Unternehmenswertorientiertes Performance Measurement – Konzeption eines Performance-Measure-Systems zur Implementierung einer wertorientierten Unternehmensführung, Wiesbaden 2000.

Rieger, B. (1990) Vergleich ausgewählter EIS-Generatoren, in: Wirtschaftsinformatik, 6/1990, S. 503-518.

Rockart, J. F.; Treacy, M. E. (1982): The CEO goes on-line, in: Harvard Business Review, 60 1982 1, S. 82-88.

Rohr, G. (1988): Grundlagen menschlicher Informationsverarbeitung, in: Balzert, H.; Hoffe, H.; Oppermann, R.; Peschke, H.; Rohr, G.; Streitz, N. (Hrsg.): Einführung in die Softwareergonomie, u. a. Berlin 1988, S. 27-48.

Ruf, W. (1988): Ein Software-Entwicklungssystem auf der Basis des Schnittstellen-Management-Ansatzes – Für Klein- und Mittelbetriebe, u. a. Berlin 1988.

Rummelhart, D. E. (1980): Schemata – The building blocks of cognition. Hillsdale 1980.

Rummler, G. A.; Brache, A. P. (1995): Improving Performance – How to Manage the White Space on the Organization Chart, 2. Aufl., San Francisco 1995.

Scheibeler, A. A. W. (2002): Balanced Scorecard für KMU – Kennzahlenermittlung mit ISO 9001:2000 leicht gemacht, 2. Aufl., Berlin u.a. 2002.

Schmidberger, J. (1994): Controlling für öffentliche Verwaltungen – Funktionen -Aufgabenfelder - Instrumente, 2. Aufl., Diss., Wiesbaden 1994.

Schrank, R. (2002): Neukonzeption des Performance Measurement, Strenenfels 2002.

Schust, G. H. (1994): Total Performance Management – Neue Formen der Leistungs- und Potentialnutzung in Führung und Organisation, Stuttgart 1994.

Seemann, A.; Schmalzridt, B.; Lehmann, P. (2001): SAP Business Information Warehouse, Bonn 2001.

Seidenschwarz, B. (1992): Entwicklung eines Controllingkonzeptes für öffentliche Institutionen – Dargestellt am Beispiel einer Universität, München 1992.

Simon, R. (1996): Die heimlichen Gewinner – Hidden Champions, Frankfurt am Main u. a., 1996.

Simons, R. (2000): Performance measurement and control systems for implementing strategy. Upper Saddle River 2000.

Speckbacher, G. (1997): Shareholder Value und Stakeholder Ansatz, in: Die Betriebswirtschaft (DBW), Heft 5, 1997, S. 630-639.

Staehle, H. (1991): Management – Eine verhaltenswissenschaftliche Perspektive, 6. Aufl, München 1991.

Staffelbach, B. (2000): Human Resource Management, in: Manager's Digest Handelszeitung, Zürich 2000, S. 33-127.

Stahlknecht, P. (1997): Einführung in die Wirtschaftsinformatik, Berlin et al. 1997.

Stiemerling, O. (2002): Web-Services als Basis für evolvierbare Softwaresysteme, in: Wirtschaftsinformatik, Nr. 44 2002, S. 435-445.

Sturm, A. (2000): Performance Measurement und Environmental Performance Measurement – Entwicklung eines Controllingmodells zur unternehmensinternen Messung der betrieblichen Umweltleistung, Diss., Dresden 2000.

Tanenbaum, A. S. (2003): Computer Networks, 4. Aufl., Upper Saddle River 2003.

Thomsen, E. (1997): Dimensional Modeling: An analytical approach, in: Database Programming & Design, März 1997, S. 29-35.

Thurnheer, A. (2003): Temporale Auswertungsformen in OLAP, Diss., Basel, 2003.

Ulrich, H.; Probst, G. J. B. (1995): Anleitung zum ganzheitlichen Denken und Handeln – Ein Brevier für Führungskräfte, 4. Aufl., Bern Stuttgart Wien 1995.

Vavouras, A. (2002): A Metadata-Driven Approach for Data Warehouse Refreshment, Diss., Zürich 2002.

Weber, J. (1998): Einführung in das Controlling, 7. Aufl. Stuttgart 1998.

Wertheimer, M. (1922): Untersuchungen zur Lehre von der Gestalt, Psychologische Forschung 1922, Nr. 1, S. 47-58.

Wettstein, T. (2002): Performance Measurement – Vorgehensmodell und informationstechnische Ausgestaltung, Diss., Freiburg 2002.

Wicki-Breitinger, J. (2000): Balanced Scorecard als Planungsinstrument – Operationalisierung von Strategien dargestellt am Beispiel einer Bank, Diss., Zürich 2000.

Wieken, J.-H. (1999): Der Weg zum Data Warehouse – Wettbewerbsvorteile durch strukturierte Unternehmensinformationen, München 1999.

Wilkens, U.; Pawlowsky, P. (1997a): Human Resource Management im Vergleich, in: Ekkehart Frieling (Hrsg.), Automobilmontage in Europa, Frankfurt am Main u. a. 1997, S. 55-90.

Wilkens, Uta; Pawlowsky, P. (1997b): Human Resource Management or machines that change the world in the automotive Iidustry?, in: Management International Review, Ausgabe 37, 1/1997, S. 105-126.

Wunderer, R. (1997): Mitarbeiter als Mitunternehmer: Ein Konzept. Tagungsunterlage der I.FPM-Jubiläumstagung und Executive Forum 1997 der Universität St. Gallen „Mitarbeiter zu (Mit-)Unternehmern fördern – Konzepte, Wege, Lösungen", 17.-18.10.1997, St. Gallen 1997.

Wunderer, R. (1999): Mitarbeiter als Mitunternehmer – ein Transformationskonzept, in: Wunderer (Hrsg.) (1999): Mitarbeiter als Unternehmer, Neuwied, S. 22-58.

Zahn, E. (1981): Entwicklungstendenzen und Problemfelder der strategischen Planung, in: Bergner, H. (Hrsg.): Planung und Rechnungswesen in der Betriebswirtschaftslehre – Festgabe für G. v. Kortzfleisch zum 60. Geburtstag, Berlin 1981, S. 145-190.

Zeh, T. (2003): Data Warehousing als Organisationskonzept des Datenmanagements – Eine kritische Betrachtung der Data-Warehouse-Definition von Inmon, in: Informatik - Forschung und Entwicklung, 8/2005, S. 32-38.

Zimmermann, H.; Rudolf, M.; Jaeger, S.; Zogg-Wetter, C. (1996): Moderne Performance-Messung – Ein Handbuch für die Praxis, Bern Stuttgart.

Zornes, A. (1994): Re-Engineering „Data Jailhouses" into „Data Warehouese", in: Next Generation Decision Support, Meta Group Inc., Westport 1994, S. 17.

Mehr zu diesem Thema finden Sie in „Das Management Cockpit auf Basis von SAP NetWeaver zur Unterstützung des Performance Measurement Konzeption und Realisierung" von Andreas Schutt, ISBN: 978-3-638-90022-5
http://www.grin.com/de/e-book/85241/